JN077548

田中貴×友松信彦が「釣る前」に考えていること

最強のグレ釣り一問一答

つり人社

はじめに

グレ釣りの全国大会、ダイワグレマスターズとシマノジャパンカップ磯（グレ）で無類の強さを誇る二人がいます。ご存じ田中貴さんと友松信彦さんです。本書はこの希代のグレ釣りチャンピオン二人に、自身が考えるグレという魚、仕掛けや釣り道具、釣り方やアプローチを「基本のき」から語ってもらったものになります。

二人にはゼロウキを用いた全遊動の仕掛けを釣りのベースにしているという共通点がありますが、それだけであれば、他にも同じアプローチのトーナメンターが数多くいる中で、突出した戦績を残す理由にはならないはずです。では、なぜそれができるのでしょうか？

グレ釣り入門者にも役立つ初歩的な質問からていねいに答えていただくことで、くしくもその理由が見えてきました。本書を手に取っていただいた皆さんには、その発見の過程もぜひ楽しんでいただければと思います。そして知り得たヒントを生かしてもらえば、この釣りの楽しみが間違いなく広がることでしょう。

【月刊つり人編集部】

田中 貴(たなか・たかし)

1974年熊本県生まれ。25歳の時にグレ釣りを始める。我流で小粒ウキとロングハリスを組み合わせた釣技に磨きをかける。ラインが絡まり、直している最中にウキが海中に引き込まれたのを見て潜り潮の存在を知る。そこから目視できない小さな潜り潮を攻める釣りに開眼。瞬く間に才能が開花し、ダイワグレマスターズで歴代最多タイの8度の優勝を達成中。近年は遠投の釣りも磨きをかけている。

友松信彦(ともまつ・のぶひこ)

1983年兵庫県生まれ。近畿大学農学部水産学科卒業。大学時代にグレ釣りに本格入門。在学中と卒業後3年間に驚異的な数の釣行をこなし、現在に至るまで技術を磨き続ける。大型のゼロウキとロングハリス、そしてPEラインを用いた全遊動沈め釣りを武器にシマノジャパンカップ磯(グレ)釣り選手権で5度の優勝を達成中。半遊動仕掛けの釣りの精度も年々上昇している。

田中貴×友松信彦が「釣る前」に考えていること
最強のグレ釣り一問一答

～釣り場でまず考えていること。その実践方法～

〜遠投釣りを成功させるコツ〜

〜釣り場の状況や変化への対応〜

写真・編集　月刊つり人編集部
デザイン　水川達哉（ねこきちデザイン室）
イラスト　石井正弥／石井まり子

グレはどんな魚ですか？ クチブトとオナガの違いも含めて

田中　基本的に憶病です。その中でもクチブトのほうがオナガよりもさらに臆病。オナガはそこまでではない。動きが全然違います。クチブトはゆっくりした動きですけど、オナガは素早い。上下の動きもそうでアタリの出方が全く違います。クチブトは基本的にはモゾモゾというアタリが多い。オナガはだいたいスパッと入ります。あるいは用心深いというべきかもしれません。釣り人の姿が見えても逃げるわけではなく、好奇心はすごくあるから何にでも寄ってくるのだけれど、そのもうひとつ先、口を使うかどうかというところで用心深くなる。エサのオキアミも自分の思った動きじゃないと食わないし、そもそも日本の海に自然にあるものではないから最初は飛びつかない。でも好奇心があって近寄って来て、ちょっと口にしてみようかなと1尾が口にすると「あっ、大丈夫なのか?」と周りも口にしだすようなところがあります（笑）　サシエに対してもコマセと同じ上から自然に落ちてくる動きをするものでないと見向きもしない。釣り人が引っ張ったり、コマセと違う動きをさせてしまったエサには用心して近寄らない。そういう好奇心があるのに臆病な魚だと思います。

友松　臆病です。その中でもクチブトのほうがさらに臆病で、オナガのほうは潮がよくなってエサを食うぞとなったらアグレッシブになるなどかなり大胆なところもあります。たとえばダイビングをしてグレの捕食シーンを撮影したいと思ってもなかなか撮らせてくれません。それならチヌのほうが撮りやすい。人という警戒すべき因子に対して、やばいと思ったらすぐに引くというのがグレです。そして臆病な魚だから群れを作る。その群れが同じ動きをする。結果としてパターンフィッシングが成立するのがグレです。チヌとかはやっぱり単体行動をしやすい魚なので、1尾が釣れたからといって同じことをやって釣れるかというと、なかなかそのようにいかないことも多くなる。そこが大きく違うし面白いところですね。

Q2 意識している春夏秋冬のグレの行動パターンはありますか？

田中　春夏秋冬よりも水温が高いか低いか。水温が高い時期はグレの動きも活発で、同時にエサ取りも元気なので遠投主体の釣りになります。水温が低い時期はグレの動きも鈍くなるので、近いところでの釣り、流れがないようなところを釣ったりします。低水温というのは自分の基準でいうと水温17〜18℃くらいから。水温が17〜18℃だとしてもそこで安定すれば食ってくるんですが、季節風によって急に1℃くらいの上下があると食い渋りの原因になることがよくあります。そしてそこが遠投の釣りが利くか利かないかの境界なのかなという感覚はあります。秋や梅雨グレの時期は水温が高くグレの動きも速いから、遠投して仕掛けをなじませるスピードがある程度速くてもグレが食ってくる。またそのほうがエサ取りもかわしやすいこともあって遠投主体になります。逆に水温が下がって寒の時期になると、後半になるほどグレのお腹も大きくなって動きが鈍くなる。そして人間もそうですけれど、寒い時は風が当たるところはさらに寒い。だからグレも流れが当たるところというのはあまり好まない。流れがあまりないようなストラクチャーの周りとかを、ゆっくりスローな釣りでねらっていかなければいけなくなります。

仕掛けって早くなじませる手段はいろいろあります。ハリスを太くしたり、オモリを付けたり。でもゆっくりなじませるとなると結構手段がないですよね。ハリスを詰めて短くすればなじみは早くなりますが違和感が出てしまう。その中でやるのはハリスを細くして軽くしたり、あるいはハリを小さくするといった対応です。あとは低活性のグレに合わせてエサのオキアミも殻を取ったムキ身にして口当たりをよくしてやったり、いずれにしても寒の時期になるとそういうすべてにおいて優しい釣りに変わります。

寒の時期というと昔は12月だったんですが、今はどんどん後ろ倒しで1月の後半になっていますね。それが3月末くらいまで続く。そして寒の時期というのは後半になるほど食わない理由が寒さじゃなくて産卵になります。産卵のためにお腹が膨らんでくるからエサを食わなくなる。そのタイミングは釣りをしていてわかります。まず秋頃はお腹がぺちゃんこのグレが釣れますよね。それが寒グレの時期になるとどんどんお腹が大きくなっていって、一番いい状態の時には白子を持ったオスばかりが釣れる。それこそ割合でいったら10尾釣ったうちの9尾や10尾とかが白子持ちのオスになります。それが寒グレの最盛期。そこからどんどんメスの割合が増えてくると、もうシーズンの終わりが近づいているなというのがわかります。最後は真子を持ったメスが8割とか9割になりますね。そうなるとほとんど口を使わないシーズンになります。自分はそうなるとグレ釣りからチヌ釣りにシフトするタイミングです。ちなみに今のはクチブトの話で、オナガの白子や真子が入ったものというのは、私はほとんど釣ったことがありません。ですから習性がまた違うんだと思います。

友松　グレの行動は大きくは産卵に支配されています。以下はクチブトを前提にしたものですが、まず産卵は春です。その時は群れになって沖に出て、広範囲に卵を散らしたいので分離浮性卵を産みます。つまり春になると一度我々が磯釣りをしている地方から沖に出ます。その後、ゴールデンウイークが明けて5月の後半くらいになってくるとまた地方に戻ってきます。なぜかというと、その時期はグレのエサである小型の海藻、岩のところにちょろっと芽が出ているようなグレの好む海藻がまだ地方の磯にあるからです。これが梅雨グレの時期で、だいたい5月の後半から7月の半ばくらいまで産卵から戻ってきたグレが釣れるようになりますが、また釣れにくくなります。それはどうしてかというと磯際にあった小型の海藻が枯れてなくなるからです。するとまたグレはエサを求めて沖に行きます。その頃に沖の潮目のところに湧きグレが多いのは、私は他の魚が生んだ卵を食うとかアミを食うとかあるいは何かしらのプランクトンを食うとか、グレが海藻の代わりになるエサを求めて磯を離れ、なおかつそこにエサがあるからだと理解しています。そのため夏場になると私は特に沖に行っている魚をねらうための「潮の釣り(沖の釣り)」をしています。

そこから9月の後半から10月くらいになってちょっと水温が下がり秋めいてくると、またグレが磯近くに戻ってきます。この時期も湧きグレをよく見ると思いますが、それは沖に行っていたグレが戻ってくるからです。そのグレが何をしに来たのかといったら、冬になってまた海藻が生えてきた時にどこに居着くかを探しているのです。だから秋も最初は沖から釣れ、そのあとだんだん地方に近い磯でも釣れるようになっていきます。昔はそのタイミングが10月10日の体育の日くらいといわれていました。ところが今は時期が大きくずれていて、湧きグレがポイントにつきだすのが12月の頭くらい、11月でもまだ早いという状況です。ともあれそうするとまたグレが磯で釣れだし、そこから冬になってグレが本格的に磯につきだすと寒グレシーズンになります。この時は11月か12月くらいから釣れだして、2月の後半や3月の頭くらいになると、グレはまた産卵の準備に移ります。その時のグレは、それまでは海藻の生えている磯にまんべんなく散っていたのが群れに成り始めます。最初は小さな群れから始まり、やがてそれらが合体して大きな群れに成ります。すると3月の半ばから後半は、うまくいくと大釣りできるが外せばゼロというリスクの大きい季節になります。それが3月の後半から4月の頭という感じです。

グレの生活史は釣りのイメージにも欠かせない

Q3 海域や地域でグレの行動に違いはありますか？

田中　魚の多いエリアと少ないエリアがやはりあると思います。多いエリアというのは、五島列島、長崎の宮之浦、四国の日振とか。そういうところはざっくりとした言い方をすると、コマセをぶわっと沖に打っておいて、仕掛けも強制的になじませて、その中に仕掛けをとめておくような釣り方で当たって来る。そのほうが型も出たりする。グレの数が多く水深もあるエリアですね。反対に魚が薄くて難しいといわれるエリアでは、そういう釣りではなかなかアタリが来ないから、シーズンを通じて寒の時期のような釣りを展開しないといけない。水温が高い状態であってもそういう釣りが求められることがあるというイメージです。私の行く九州の釣り場でいうと、宮崎、大分、熊本などの釣り場ですね。鹿児島はどちらかというと魚が多いです。

友松　あると思います。プランクトンを食っている魚と海藻を食っている魚とでは動きが違うので、釣り方も違ってきます。私の釣りでいうところの「潮の釣り（沖の釣り）」をするのか、「石ころの釣り（磯の釣り）」をするのかの違いです。プランクトンのような浮遊型のエサを食っている魚はやはり潮の釣りです。そして海藻系を食べている魚は石ころの釣り。伊豆半島でいうと、東伊豆はどちらかというと潮の釣りで、南伊豆は混在している。沖に行けば潮の釣りができるし、地方にいけば石ころの釣りができる。東伊豆は意外と岩場に魚がつかない。石ころにべったりつく魚が少ない感じがします。紀伊半島も潮岬を境に西側の枯木灘側は潮の釣り、東側の樫野から三重方面は石ころの釣りで分かれる傾向があります。西海や五島は潮の釣りです。遠投しないと大きいのが釣れず、手前にはコッパしかいない。つまりそこにエサがそんなに存在していないということなんだと思います。「昔は磯際で釣れたのになぁ」というグレ釣りファンは多いと思うんですけど、それも海藻に依存しいているからなのかなとは思っていますね。

グレが最も釣りやすい季節、逆に釣りにくい季節はいつですか？

田中　釣りやすいのは秋ですね。11月や12月で遠投が利く時期はやはり釣りやすい。遠くで食う時は魚がハリスや仕掛けを嫌わないですから。ただし飛ばせるテクニックは必要になります。釣りにくいのはやっぱり3月、4月、5月の連休までです。テクニックとかではなくて、魚自体がもうエサを食べたくない状態になるからです。

友松　一番釣りやすいのは12月後半から1月頭ですね。理由は沖から入ってきたウブなグレが多く、なおかつ水温もまだ下がり切る前で魚が動くからです。私は一年中グレ釣りをしているので、釣りにくいのは8月か9月。4月は産卵がばらける場所であれば、まだ釣れる可能性が全然ある。それに対して8月や9月になると、もう魚がいないんじゃないか、完全にイスズミだけに変わったなと感じさせられる状況が結構あります。そうなるとかなり釣れません。

5 最近のグレ釣りで変わったと思うことはありますか？

田中　グレ釣りのシーズンといわれるものが若干変わってきています。昔は寒グレといったら12月からだったのが、今は年が明けないとその状態にならない。あとはエサ取りが変わってきていますね。昔はネンブツダイが多くて釣りづらいなと思っていたエリアで全くいなくなったと思ったら、逆にグルクンのように今まで見たことのない魚が釣れるようになったという変化はよく感じます。

友松　やはり水温が高いからタナが深くならない。昔はそれなりに水温が下がっていたじゃないですか。たとえば15℃以下とかになると本当にサオ2本とかしっかり入れないと食わない時というのがやはりあったんですよ。でも今はそこまで海水温が下がらないので、たとえサシエが残りっぱなしであっても、サオ2本で待つよりかはサオ1本ちょいで待ったほうが釣れるようになりました。

Q6 グレが賢い、あるいは手強いと思うのはどんな時ですか?

田中　グレはコマセと同じ動きをさせないと口を使ってくれませんので、そこはいつも難しいと思っています。賢いと思うのは、エサをくわえたことはわかっても釣れない時ですね。ウキやラインの挙動でエサを口にくわえたことはわかる。でもその時に何らかの違和感を与えてしまうとすぐに吐き出す。やっとエサをくわえさせても、まだその先があるのがグレ釣りの難しさであり楽しさであると思っています。

友松　特に冬場、やはりサシエを口に入れているのにハリに掛からない時です。それを目の当たりにしたのが東伊豆の初島のテトラでした。あそこは魚が見えるので、テトラ際にポイントを作ればテトラの穴の中に黒いグレがいっぱいいる。けれども仕掛けを入れるとナビ(ストッパー)がツンとか、ウキがモゾモゾとするアタリが毎回のようにあっても食い込まない。これがグレの難しさだとあらためて実感しました。

エサをくわえさせた「その先」があるのがグレ釣りだ

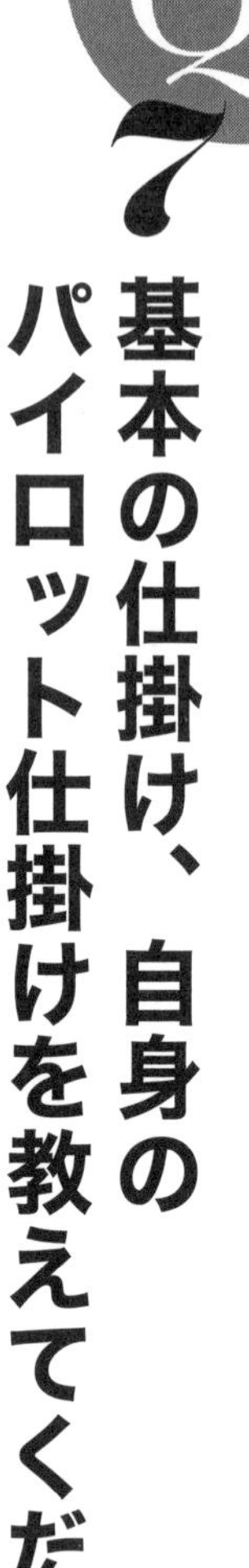

Q7 基本の仕掛け、自身のパイロット仕掛けを教えてください

田中　クチブトを前提にしますが、サオが1・25号の5・3m、ミチイトがナイロンの1・35号、ハリスがフロロの1・5号を6m、ハリが細短軸の4号の組み合わせです。ウキは遠投用で大きめの12～13gで0～00号を細分化したものを使い中にハリスを通します。そしてハリスの上から1mくらいのところにウキが止まるようにストッパーを入れます。これが私の釣りの基本仕掛けになります。

その理由ですが、フカセ釣りの中で一番克服すべきものが風です。風がミチイトを引っ張ることが釣れない一番の原因になると考えています。けれども釣りをする以上はミチイトをなくすことはできない。そう考えた時、まずはミチイトを極力細くできればいいということで、私の場合はナイロンの1・35号を仕掛けの中心に選んでいます。

1・35号というと弱いと言われることがありますが、実際はかなり強くて50㎝のクチブトでもオナガでも平気で上がってきます。ただし、その1・35号の強さを引き出すにはサオとのバランスが大切です。サオが硬すぎれば引きちぎってしまいます。そのバランスが一番取れるのが、私の中ではミチイトの号数から1つ落とした1・25号のサオということになります。ちなみに昔は1・35号のミチイトというのはなくて、1・5号の下が1・25号でした。でも1・25号だとちょっと弱い。そこで私の希望で作ってもらったのが1・35号になっています。そしてハリスは水中になじませて流していくものなので、別に細くする必要はなく、幅広く対処できるのが1・5号という基準で選んでいて、長さを6ｍにしているのは、私の仕掛けは基本的になじんだら沈むことが前提で、ずっと浮かせておくものではないからです。フロロはナイロンよりも重いので、ウキの上に1ｍあるだけでもなじみのフォローをしてくれます。

いずれにしても、ミチイトは可能な範囲で細くし、そのミチイトよりも一番手低いロッドを使うというのが私のタックルの基本です。そしてミチイトよりも一番手大きい（太い）ハリスを使うことで、なじみ

基本の仕掛け、
自身のパイロット仕掛けを教えてください

もよく、流しやすく、アワセもできて、しっかりためても切れないという状態にしています。ハリが４号の細短軸というのはグレが食った時に口もとに違和感を与えたくないからですが、小さすぎてもすっぽ抜けの原因になるので、今は４号を基準にしています。

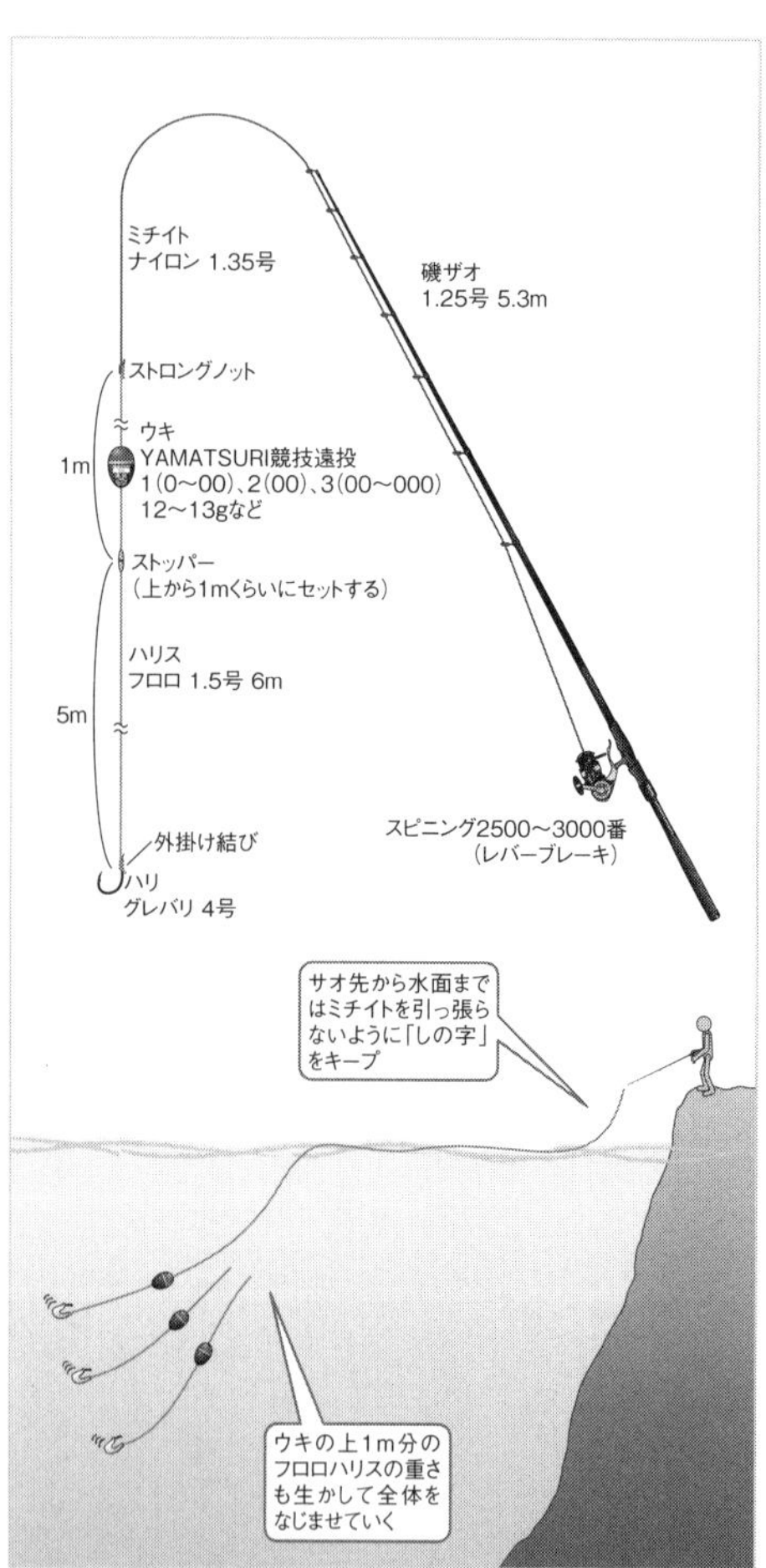

田中さんの標準仕掛け

友松　私には基本の仕掛けが「潮の釣り（沖の釣り）」と「石ころの釣り」で2パターンあります。

まず「潮の釣り」の仕掛けは全遊動仕掛けです。ウキに遠投できる00号やより潮があるところなら０００号を選びます。そしてミチイトはＰＥライン、その先にナイロンのショックリーダー５ｍを接続したら、さらにフロロカーボンのハリス10ｍを取り付け、その中にウキを通してストッパーを下から２～３ヒロの位置に付けます。そして最後にハリを結んで終了です。

もうひとつの「石ころの釣り」の仕掛けは半遊動仕掛けになります。この時はＰＥラインに５ｍのショックリーダーを接続するところまでは一緒ですが、そこからハリスをだいたい６ｍ取って0号のウキを中に入れ下から５ｍくらいにストッパーを付けます。そしてウキからの遊動幅は50㎝くらいしか取りません。つまり、６ｍのハリスの中の下から５ｍくらいのところにストッパーがあって、そこから50㎝くらいが遊動幅で、さらにその上の50㎝くらいまでがフロロカーボンのハリスという状態になります。そしてアンカー用のガン玉を打ちますが、

基本の仕掛け、自身のパイロット仕掛けを教えてください

その位置と数は食いが悪い時ほどできるだけ小さくすることを前提に、ストッパーの下20㎝ほどのところに1個だけにします。理由はウキ止メイトからガン玉までの間をまず立てたい。そしてガン玉より下の部分はふかしておきたいためです。つまりガン玉は仕掛けの中で支点（アンカー）の役割を果たしています。

各部のライン号数については、ミチイトがPEの0・6号、ショックリーダーがナイロンの2号、そしてハリスはフロロの2号が基準で、ハリスについては最近は1・5号にすることも多く、1・2号だとちょっとリスクがあるなという感覚です。ハリは遠投もする「潮の釣り」の時は6号が基準で、大遠投をしたい時で7号、サイズを落とす場合で5号まで。小さいと遠投した時にエサが取れてしまうリスクが高まるので小バリは使いません。逆に「石ころの釣り」をする時は小さめの5号が基準で、そこから4号にすることもありますが3号まで落とすことは少ないです。サオはホームグラウンドの伊豆半島では一生に一尾のトロフィーサイズといえる50㎝オーバーに備えたいと思う時は1・5号を使っていますが、そうではなくて普通に楽しもうという日だったら1号で充分です。

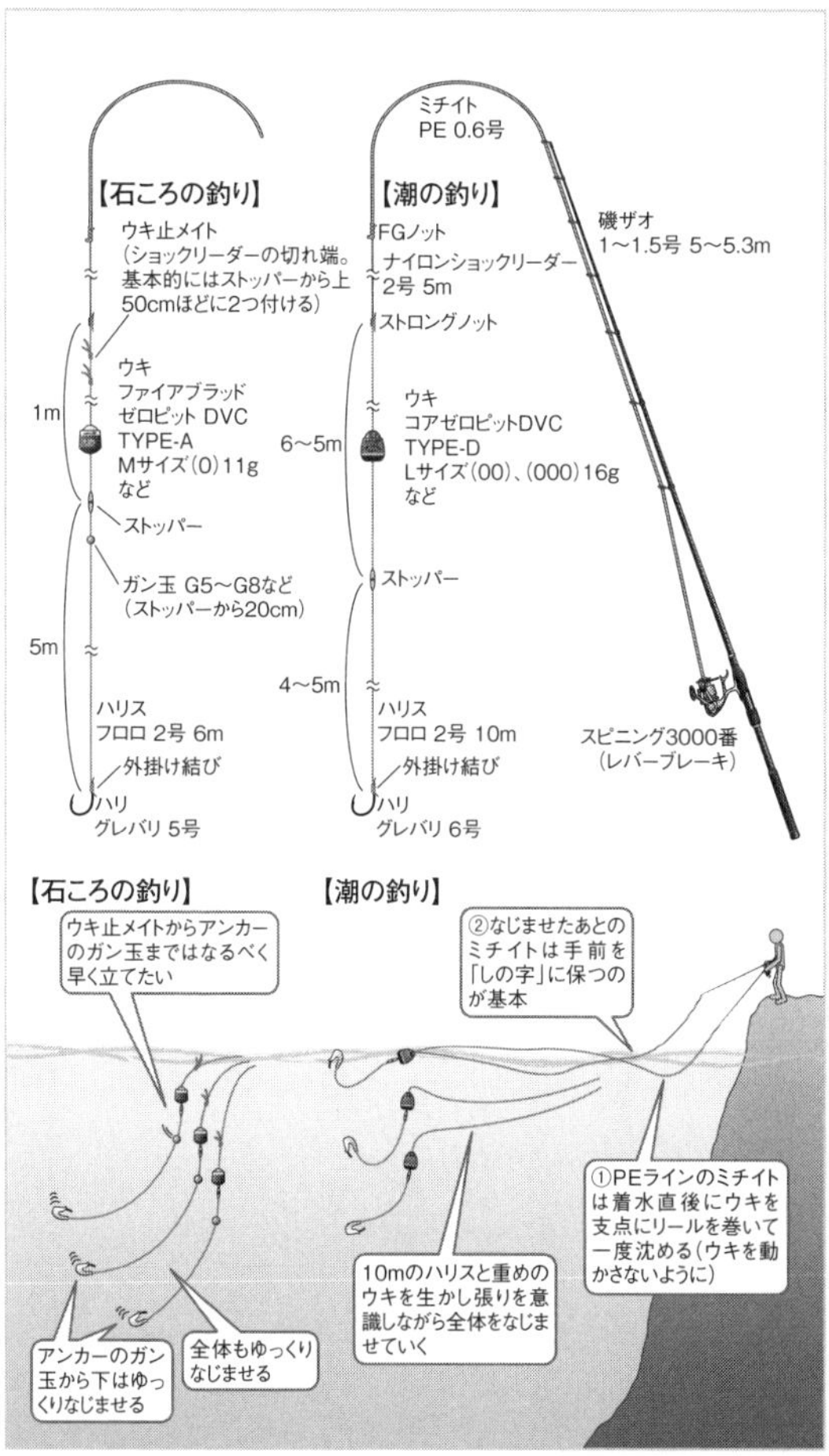

友松さんの標準仕掛け

Q8 サオ選びのコツはありますか？

田中　基本の仕掛けで説明したとおり、私の出発点はまず自分が使うミチイトの号数で、サオはその強さを引き出すために1号数下のものを選ぶという考えです。そのうえで最近でいえばサオの長さが5ｍのものもありますが、私はハリスを長く取るので5・3ｍにしています。たまに「ゴーサンのほうが長さがある分、根などもかわしやすくてやり取りがしやすい」と言う人がいますが、同じモデルであればサオが曲がる支点はだいたい一緒なので、その点での違いというのは実際にはありません。そうではなくて5ｍにすることのメリットはシンプルに軽さです。軽さによる疲労の少なさや操作性の向上を優先したい人は5ｍを選ぶとよいと思います。ただし私は自分の基本仕掛けである6ｍのハリスに合わせてプラス30㎝の長さがあるほうが釣りやすい。また釣りをする中で仕掛けをふかせる部分を少しでも長くしたいということも含めて長さは5・3mを選んでいます。

友松

私は一年を通じてグレ釣りをものすごくやっているので、自分のやり取りのスタイルがこういうものだとある程度わかっています。そのうえでサオはなるべく立ててやり取りしたいという思いがあるので、立てた時にしっかりそのサオのトルクバンドが使えるものを選んでいます。サオには胴調子、先調子、その真ん中といろいろなものがありますが、そのサオごとのトルクバンド、もしくは最大の反発力が発揮される角度というものがやはりあります。じゃあどれがいいのかというのは、その人の経験や好みによるので一概には言えません。先調子のサオであってもいろいろだし、胴調子のサオであってもいろいろだからです。ただ、たとえばこれからグレ釣りをしたいという人が先調子か胴調子かで迷っているとすれば、それは間違いなく胴調子のサオをおすすめします。理由は胴調子のほうが、サオを無理やり曲げる形になってもハリスが切れにくい、釣り人のミスをカバーしてくれる許

容範囲が広いからです。それに対して先調子のサオになると、釣り人がよりコントロールしなければいけない要素が出てきます。ただし、コントロールができるならいろいろなこともできる。シャキッとしているから操作性に長けていて、ラインをメンディングしたり、細かいアタリを取るとか、そういうこともできるようになります。とはいえ魚を掛けてからはより難しい。たとえるなら車でいうところのオートマが胴調子で、マニュアルミッションのスポーツカーが先調子です。では自分の好みは何なのかというと、私は先調子なのだけれどもマイルドなサオが好きです。釣っている時は操作性がよく、魚が掛かったらマイルド。サオの理屈としては矛盾しているんですが、そういうサオを求めていますし、最近のサオは各社ともそういう方向をめざしているのかなという印象はあります。もともとは私は胴調子のサオが好きだったんですよ。チヌザオでグレを釣ったり。ただ、釣りをやればやるほど、胴調子だと釣り人が意図したようには魚をコントロールしにくいなという感覚が出てきて、だんだんと先調子寄りのサオ、その中でマイルドなものを好むようになってきました。

ミチイトの強度を引き出す、ラインや魚をコントロールするなど、サオの役割は多岐にわたる

Q9 リール選びのコツはありますか？

田中　基本はハイギアでいいです。リール選びは結局のところやり取りに関わってきます。グレ釣りでは魚を掛けたら、まずサオでためて魚の頭をなるべくこちらに向けておきます。なぜならグレは横や沖を向いて尻尾を振って泳ぐのはすごく速いけれど、こちらを向かせておけば胸ビレでしか抵抗することができず、力が発揮できないからです。だからサオ立てて曲げて、なるべくグレがこちらを向いている状態をイトをピーンと張って保っていれば、釣り人が主導権を握っていられます。

その時、ハイギアのリールならちょっとハンドルを巻いただけでそのサオの曲がりが保てます。仮にローギアのリールだと同じ曲がりを保つのにより多く巻かなくてはいけなくなるのでサオ先が暴れてしまう。魚にしたら30㎝イトが緩めばあっちを向けますから、その隙を与えないためのハイギアリールですね。もちろん、ハイギアかローギアかで仕掛けの回収が速い遅いというのはありますが、それよりもやり取りにおいてメリットがあるというのが、グレ釣りではハイギアのリールが必要になる大きな理由です。回転が特別に軽い必要もありません。今のダイワのハイギアリールなら、ハンドル半回転でも60㎝、4分の1回転でも30㎝巻けます。だから本当に魚に隙を与えないやり取りができます。

友松

まずは耐久性がありイトがどこかに引っ掛かるといった基本的なトラブルがないことが大前提。ギア比については、理想はハイギアの回収の速さとローギアの力強さの両方があればいいですが、実際の釣りでは回収での使用時間が長いですし、基本はハイギアでいいでしょう。あとはシマノのリールに限った話にはなってしまいますが、スットブレーキ(※イトの送り出し時にスプール部分だけが逆転する機構)は絶対にあるほうがいい。というのもスットブレーキになる前までは、やり取りに入ったあと、レバーブレーキを離してイトを出しサオを立てるまでの間に、確実に魚に勢いがつくところまで走られていました。

そうなるとすでに魚が加速している状態なので、サオを立てても結局止めきれず、またイトを出すんだけれども、同じことを繰り返している間に最後はやられるということがありました。ところがスットブレーキがあると、「走られる！」となった時、イトを出しサオを起こした段階で魚がまだその手前の状態にいます。ハンドルが動かずスプール部分のみがスムーズに逆転するからそれができるのですが、するとイトの送り出しが魚が完全に加速する前の状態に間に合うので、サオを立てた状態で止められるんですよ。この機能は一度使ったらやめられませんね。

ハイギアリールはやり取りの主導権確保にもメリットが大きい

リールはレバーブレーキの使いこなし（Q74に関連質問）も釣果に直結する

Q10 ミチイトは何の何号を使いますか?

田中　ナイロンの1・35号です。これまでにPEを試したこともあるのですが、やはり長年にわたってナイロンのミチイトを使っており、そのバランスでじわじわとなじませていく釣りの感覚もつかんでいるので、ミチイトの素材を変えるとやはりしっくりこなかったのが一番の理由です。ミチイトをPEにすると確かにより遠投もできますし、伸びがなくなるので感度も高くなるのですが、細号数のナイロンでも必要な遠投は問題なくできます。また、私の釣り方は飲ませて正解なので、感度もそこまで必要なわけではない。そうすると、第一には自分が使い込んできたことによる慣れ、さらには万一切れた場合のリカバリーの早さといった点で、やはりナイロンが使いやすいという考えになりました。そのうえで、ミチイトのナイロンについては、1回の釣行ごとに消耗しやすい先端の15mほどはカットして、スプールに残ったイトも真水ですすぎ、それを3

～4回続けたら、全体を新しいものに巻き替えるという作業をしています。それにより常にトラブルなく使えるようにしています。

友松　PEの0・6号です。PEの利点は絶対的に細いこと。ナイロンなら細くしても1・2号までと思いますが、PEはそれと比べても圧倒的に細くできます。フカセ釣りではミチイトは細いほうが絶対的に有利です。PEの直線強度は目安としてナイロン3倍。0・6号なら1・8号相当、1号なら3号相当の強度があります。ただ、「PEをミチイトにすれば感度が上がってアタリが取れる」といわれることがありますが、それは誤解です。PEラインは伸びがないので、張り加減のコントロールができれば高感度を得られますが、イト自体は撚り糸でコントロールができなければ逆にナイロンのミチイトのほうがよほどアタリが取れます。ちなみに単純な強度でいえばオナガの50㎝クラスもPEの0・6号で大丈夫と思いますが、実際に50～60㎝クラスのオナガが出る場所に行くなら、その時は根ズレなどのリスクもトータルに考えてPEは1号以上にしています。

Q11 ウキの号数やサイズはどんなものをよく使いますか？

田中　ベースは0号のウキで、理由はオモリをなるべく使いたくないからです。仕掛けにいろいろなものを付けるとそれだけ違和感になってしまうので、私は極力何も付けないほうがいい。結局、ウキの中にオモリが入っているか、あるいは外に付けるかの違いであって、自分はウキ自体にそのオモリが入っているものの中で、状況によりいろいろなものを使い分けるという考え方です。あとはハリスも重さになります。ハリスの号数を上げればそれだけ仕掛けが重く沈みやすくなって、それとウキの組み合わせもシビアに考えて、なるべくオモリを使わないで、仕掛けが自然ななじみ方をするように考えて釣りをしています。

サイズに関しては大きめを使うことが多いです。というのも以前は近くから遠くへ釣っていくパターンが多かったのですが、最近は遠くを釣りながら、どんどん状況を見て手前に寄せてくるというほうが答えが早いかなという釣りをしているためです。その中で近場を釣る時にはウキを小粒にすることも当然あります。ウキのサイズが大きければ、その分グレがエサを口にした時の吸い込み抵抗も大きくなるので、それを避けようと判断することもあるからです。いずれにしてもよくないのは、「もう寒の時期だからウキは絶対に小さいほうがいい」といった決めつけをして、最初からただそれを使うことです。どんな季節でも、実際のその日の状況というのは、釣りをしながら自分で確認してみないとわかりません。

友松

「潮の釣り」なら00号、「石ころの釣り」なら0号ですね。

「潮の釣り」で00号をよく使うのは、この釣りではウキでまず仕掛けを沈めるのですが、この時のウキには一定の浮力もないと私の求める10mの長いハリス部分の張りが作りにくいからです。もしウキが000(トリプルゼロ)号だと00号のウキよりも沈む力が強くなり、多くの釣り場ではハリスの張りが作りづらくなります。その場合、潮も利用して仕掛け全体をより張るという作業をするのですが、私がよく行く伊豆半島で日常的にそういう潮が行っている釣り場というのは多くはありません。そのため00号をよく使います。逆に潮がより強い釣り場なら、00号だと浮力が強すぎるので000号を使うのです。ちなみに0号のウキになると、今度は浮力が強すぎて仕掛けがなかなか沈められないということになります。

一方の「石ころの釣り」でウキが0号なのは、前提としてアンカーの役割を果たす極小のオモリを仕掛けの中に打つからです。この時にアンカーよりもウキの浮力が大きいと、仕掛けがいつまでもプカプカと浮かんでしまい、半遊動の釣りはそれだとなかなか釣れません。また逆にウキを00号にすると、今度は浮力がなさすぎてサシエがなじんだらその重さだけで仕掛けが沈んで行ってしまうことになります。そうなるとアンカーが打てなくなりますが、アンカーが打てないと半遊動の釣りではウキ止メイトからウキストッパーまでを固定することができなくなり、これも仕掛けの安定度が悪くなって食いが悪くなります。そうした理由から、石ころの釣りではウキの浮力は0号がメインになります。

田中さんの使用ウキ。遠投がメインになった近年は「YAMATSURI競技遠投」の出番が多い。浮力は1(0に近い00)、2(00)、3(000に近い00)を使い分けている

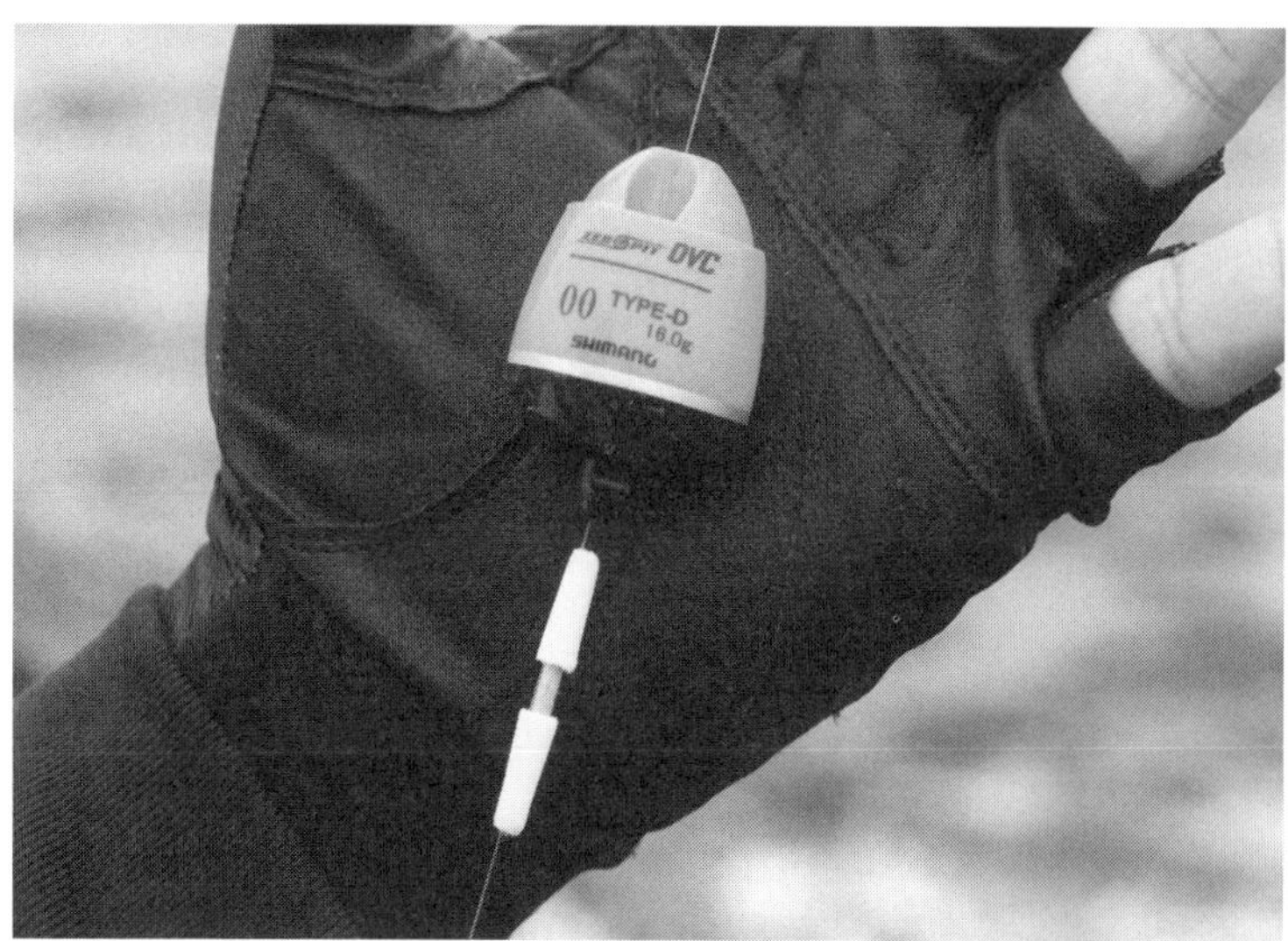

友松さんの使用ウキ(潮の釣り)。シリンダーを回すことで微妙な浮力調整ができる「コアゼロピットDVC TYPE-D」を使う。浮力は00または000が主力になる

Q12 ハリスは何号を使いますか?

田中

メインは1・5号。食いが悪いと感じれば落としていきますが、その時は魚から見える見えないの問題ではなく、サシエの落ちるスピードをよりスローにするために落とします。そうすることでより長くサシエを見せたほうが食いは絶対によくなるからです。ちなみにハリスの号数は徐々に落とすのではなく、自分が使用する中では最も細い0・8号にいきなり落とします。それで魚が出て、ただし取れないとなれば号数を上げていきます。そのほうが「ハリスを落とせば食うんだな」という結果は早く見られるからです。もし0・8号までハリスを落としても食わないなら他の要因や対策を考えることになります。

逆にオナガであったり地形であったりでハリスが切られるという時は、最大で2・5号くらいまでは太くしますが、その時はチモトで切られているのか、それとも根ズレなどで切れているのかは確認が必要です。根ズレで切れているならハリス全体を太くする必要がありますが、太くすればそれだけ食いに影響しますから、仮にチモトで切られて「あ、オナガが来ているんだな（その対策をしよう）」というような時であれば、食いにはそこまで影響しないように先の50㎝だけを太くするといったことをします。

友松　ハリスは基本的に2号です。私はジャパンカップの全国決勝大会で勝つことを一年の目標にしています。その決勝の舞台である五島での釣りを考えると、ハリスは2号が合っており、日頃からそのイトの重さ、それによる仕掛けの入り方に慣れておきたいという基本的な考えがあります。そのうえで、ハリスを細くしてみようと思った時は、ストッパーから下だけを1・2号や1・5号などにしてみることはあります。

ただし、同時に強調しておきたいのは、本当に大切なのは太いハリスで釣る技術だということです。グレを釣る最大のコツは、仕掛けを適切な状態に張ることです。「潮の釣り」であっても「石ころの釣り」であってもそこは全く変わりません。その部分を理解して追求する前にハリスの号数を変えるというのはマイナスでしかない。この点は非常に重要なポイントだと思っています。

ハリはどんなタイプを使いますか?

田中　基本は細軸・短軸の4号でハリ先が開き気味で掛かりの早いダイワの「スピード」を使っています。サイズについてはグレが口にくわえたときになるべく違和感を与えたくないので小さめを選びます。そのほうが異物感はないだろうと思うからです。私の場合はハリは飲まれて正解。特にクチブトであればハリが飲まれていればそれだけ自然に食わせられているということなのでよしと考えます。オナガの場合にも実際は同じ考え方で釣りをして、あとはやり取りで対処します。そしてグレが飲んだ時に喉の奥に掛かりやすいのがスピードタイプと思っています。他のハリを使うのは、大きいエサや硬いエサが有効な時です。その時はハリが小さく細軸だと掛かりが悪くエサも外れやすくなるので、ダイワでいえばマルチなど伊勢尼系で軸も長めのエサ持ちがよいタイプのハリに変更し、サイズも6号を基準にアップすることが多くなります。あとはエサ取りの種類を確認するために手持ちのケイムラ色のハリをあえて使って、噛み跡が付くならフグやハギ系のエサ取りだなと判断することがあります。

友松

私は基本的に「遠投ハヤテX」のみで、他のいろいろなハリは使いません。釣りの中の95％は遠投ハヤテXです。これはハリに限らず、なるべくいろいろな部分を自分の中で固定しておき、そうすることで自分が何か1つ対策をした時に、それによる変化があったのかを判断しやすくするためです。たとえばそのつどいろいろなハリを使ってしまうと、それだけ要素が増えるので、その時に釣れた要因、あるいは釣れなかった要因が検証しにくくなります。そのうえでハリのサイズは小さいほうが絶対的にグレの食いがいいのですが、遠投ハヤテXは4号までなので3号の時は「身軽グレ」を使っています。あとはオナガをねらう時はネムリバリの「あわせちゃダメジナ」を使うこともあります。ただしネムリバリは潮があって仕掛けがしっかり張れる時に効果を発揮するので、そういう状況でのみの使用になります。

Q14 ウキ止メはどのように結んでいますか？

田中　私の仕掛けではウキ止メイトを使いません。代わりに6ｍのハリスの上のところにストロングノットの結び目があって、そのヒゲを5㎜くらい残すようにしています。ただ、実際にはそこまで行く手前で、ハリスの摩擦抵抗でウキが沈むような仕掛けのバランスになっているので、ヒゲまでは行かずにアタリが出る場合がほとんどです。もちろん、ウキの浮力が大きければ摩擦抵抗だけでは沈まず、ウキ止メが当たったところでようやくウキが動いて、さらに潜り潮があったりして引き込まれればもっと潜るといった状態になるでしょうが、私の場合は浮力の小さなウキを使って、そのウキの上に1ｍのハリスがカーブして乗っていることで摩擦抵抗だけで充分ウキが沈む状態というのを理想としていますし、そうなるように仕掛けのバランスを考えています。ですので、逆に沈むはずのウキがなかなか沈まなければ、何か障害が起きている、たとえばミチイトを引っ張ってしまっているかもしれないなど、そういう判断をする目安にしています。

友松

ウキ止メイトはショックリーダー用のナイロン2号を30㎝ほど切り出したものを利用しています。結び方はまずハリスに沿わせて輪にしたら3回巻きつけて締め込みます。そして仕上げに穂先側の余りイトをハリスに1回ハーフヒッチして、最後にハリスと直角の横方向に強く引っ張ります。すると横方向にヒゲが出る形になり、それがウキの穴に達した時に引っ掛かるようになります。この時にシモリを併用していればそこで完全に止まり、シモリを併用していなければ最初に引っ掛かったところでわずかに引き込まれ、さらに魚が動けば完全に抜けるという動きになるのですが、特に後者の微妙な動きやアタリの出方を判断できるようになるためには、まずは自分の使うウキ止メイトをこれと決めて、同じもので繰り返し釣りをすることが大切です。そのため私はウキ止メイトも自分で決めたショックリーダーの2号のナイロン以外のものは使用していません。

Q15 使用しているイトの結び方を教えてください

田中 ミチイトとハリスの結束はストロングノット(三原結び)です。ストロングノットの巻き付け回数は上下3回ずつが基本ですが、ミチイトとハリスの号数差が大きいなと思った時は、細いハリスのほうが多く巻き付くようにしています。たとえば2号のミチイトと1・35号のハリスだったら、2号のミチイトを持ってハリスのほうに巻き付けていく時の回数が4回で(結果的にハリスがミチイトの周りに4回巻き付く)、1・35号のハリスのほうを持ってミチイトに巻き付ける時の回数が3回ですね。そうすると結節部が滑りにくくなります。ハリは外掛け結びで巻き付け回数は3回です。増やしたからといって強くなるわけではなく3回で充分と考えています。

友松 ミチイトのPEとナイロンのショックリーダーの結束はFGノット

です。結ぶ際はノットアシストを利用しています。そして競技会を含めて万一現場で高切れした時用には、替えスプールにあらかじめショックリーダーまで結んだものを用意しており、それで対応するようにしています。ショックリーダーとハリスの結び方は上下4回転ずつのストロングノットです。昔はイト同士の接続にブラッドノットを採用していたのですが、月刊つり人の強度実験でストロングノットの強度と安定性が数値で示されていたことから採用してみたところ、簡単で確かに強度もあるため愛用するようになりました。ハリはマクラなしの5回転の外掛け結びを基本にしています。これも自分でいろいろと試したり検証記事なども参考にした結果、4回転でもよいのですが気持ち安心感を得られることも含めて今は5回転に落ち着いています。いずれにしても重視しているのは、なるべく簡単に結べて安定した強度が出せることです。

ライン同士の接続はストロングノット、ハリは外掛け結びが名手
二人の共通項。その中で巻き数などは互いにこだわりがある

Q16 ガン玉は何号を使いますか？

田中　7号（G7）、5号（G5）、3号（G3）、1号（G1）、Bをパーツケースに入れていています。7、5、3、1と、1個飛びでそろえているのは、1つ（1号分）の差はほとんどないと思っているからです。また、ハリスへの傷を気にするわけではありませんが、指で付け外しができる手返しのよさから私はゴム張りタイプを使っています。

友松　よく使うガン玉は8号（G8）、7号（G7）、6号（G6）です。そのうえでパーツケースにはG8～G1のすべてと、さらにB、3B、5B、1号を用意しています。ケースのフタにはそれぞれの号数とグラム数の両方がわかるようにシールを貼ってありますが、ガン玉はシンプルなものがよいのでいずれもノーマルなものを使っています

ガン玉の打ち方を教えてください

田中　まず私の場合、Bよりも重いガン玉は使っていません。その時は「B＋G7」「B＋G5」というように、Bに他のオモリを足していくという方法を取っています。そのうえで理想はあくまで仕掛けがなじんでジワーッと沈むことなので、ガン玉を使う場合もいきなり大きなものを付けるのではなくて、小さいものから付けることが基本になります。あとはガン玉を打つ場所ですが、これについては私の中では、「風に対処する時」と「深く釣る時」の大きく2つのパターンに分けて考えています。

1つ目の「風に対処する時」というのは、自分の基本であるじわじわと仕掛けをなじませていく釣り方をしていて、思ったようには仕掛けが沈まずアタリも出ない、そこで主に風の影響を消したいという時です。この時はガン玉を下のほう、具体的にはハリから30㎝ほど上の位置に打ちます。理由は仕掛けを早く立てたいからです。一般的にシュッと早く仕掛けを立ててしまうとグレは嫌がります。ただ、この時はそれまでオモリのない基本の仕掛けをなじませようとしながら釣りをしていて、それで全く食って来ないわけです。私の場合は仕掛けのハリス長が６ｍで、初期段階で探っているタナはだいたいストッパーから下の５ｍほどまでとなりますが、仮にグレがそのタナで食ってくる状況なのであれば、仕掛けの状態が多少悪いといっても何らかの反応はあってよいはずと考えます。けれどもどうしても食わないという状況なので、５ｍまでのタナは捨ててよい、グレの食いにも影響がないと考えるわけです。そこで仕掛けを一度早く立てて、その状態からウキの浮力とミチイトの引っ張られる影響のバランスで、仕掛けがゆっくり落ちて行き、コマセと同じ動きをするように考えます。その時はオモリが上のほうにあると仕掛けのなじみが遅いので、そうではなくオモリを下のほうに打ちます。それはガン玉が７号であってもＢであっても変わりません。そこでハリの30㎝上にガン玉を打ちます。ちなみにその状況で２つ目のオモリを打ちたいとなったら、最初のガン玉のさ

らに30㎝上に追加のオモリを付けます。つまり30㎝間隔で段シズを打ちますが、その時は下のほうを重くします。

2つ目の「深く釣る時」というのは、具体的には遠投してコマセをぶわっと入れて、仕掛けを強制的に沈めて深く入れて、ちょっとイトを張ってコマセの中の深いところに入れて型をねらいたいというような釣りをする時です。この時は仕掛けが立つまでの時間自体はゆっくりにしたいので、逆にオモリは上のほうに打ちます。支点となるオモリが上のほうにあれば、その先はフリーですよね。全体としては仕掛けを深く入れたいけれども、あくまでそのフリーな部分がなじんでいくところで食わせるということなので、その時のオモリは上のほう、具体的にはストッパーの下5㎝くらいのところに打つようにします。ストッパーのすぐ下にしないのは、あまり近いと仕掛けがもつれてしまうことがあるためです。

オモリの打ち方を大きく2つに分けている田中さん

ガン玉の打ち方を教えてください

友松　ガン玉を打つのは「石ころの釣り」の場合が多いですが、その時にガン玉を打つ位置はストッパーのすぐ下20㎝くらいです。

あとは「潮の釣り」をする時も、状況によってはガン玉を1つ打ったり、あるいはG5とG6、G6とG7といった感じで段シズを打つことがあります。その時はストッパーから矢引きくらいに1つ目、さらに打つ場合はそこからまた矢引き分くらいのところにそれよりも軽い2つ目のガン玉を打ちますが、とはいえそこまでする機会は多くありません。3つ目を打つということはほぼないです。「潮の釣り」で段シズを打つ時というのは、たとえば潮が軽く、ストッパーから下のサシエの部分のハリスがふけすぎて真横を向いてしまったり、その下の部分がなじんでいないと思われる時です。仕掛けを投入したあとにストッパーの動きを見ていても、ウキから全く離れて行かないような時ですね。そういう「これはなじみが悪く吹け上がってしまっているな」という時には段シズを打つことがあります。

友松さんはガン玉ケースに号数だけでなくグラム表示も併記し細かく管理している

Q18 コマセのこだわりを教えてください

田中　今は遠投できることです。距離も位置もねらったところに飛ばせる、遠投での使いやすさが第一になります。ただしねらったところに飛ばせても、団子で落ちて行くようではダメなので、上にコマセを利かせられて、下から食い気のある魚を引っ張り出せるような拡散性もあることが前提です。私は配合エサを前提にしていますが、集魚効果の有無はそこまで気にしていません。

たいじなのは水加減で、水分が足りず粉っぽくなるとまとまらなくなり、逆に水分が多すぎても同じようにまとまらず遠投ができなくなります。水分が少ない分にはまだ手直しができるので、最悪なのは水を入れすぎてしまうことです。そしてコマセは作った直後と時間が経ってからでも変質します。配合エサは粉以外に麦なども入っていて、特に麦はなじんでくると周囲の水分を吸います。そのためコマセは時々水加減を調整してやることも必要な場合がありますが、実際に一番いいのはそこで迷わないように、オキアミ、配合エサ、水について、あらかじめこれだけの分量を混ぜて作れば、変質もしないうちに使い切れてちょうどよいという量を探し出しておくことです。そのためには何度か試すことになると思いますが、私もそれを決めて水の量も毎回きっちり同じにしてコマセを作っています。

友松

私はオキアミとパン粉と米ヌカを混ぜる「ヌカパン」(※)を自作しています。それは自分が求める飛距離、拡散性、視認性、経済性などを満たしているからですが、特に使い勝手に関しては、飛ぶことが絶対的に重要です。飛ばせるコマセは手前にも撒けますが、飛ばせないコマセは遠くを釣れないので話になりません。飛ばすことができて拡散するものだったら何でもよいと思います。

※「ヌカパン」の作り方については『「シンプル」を突き詰めれば磯釣りは「進化」する。日本一グレを釣る男。』(つり人社)で詳しく紹介している。

コマセのこだわりを教えてください

田中さんのコマセ
(40㎝バッカンで半日分を作る場合)

①オキアミ1枚半(4.5kg)
②海水(ヒシャク立てに4杯分。700㎖X４杯で2.8ℓ)
③配合エサ1(「アミノX攻めグレ遠投」半袋＝約1kg＝重い)
④配合エサ2(「アミノX誘いグレ」半袋＝約775ｇ＝粒が大きい)
⑤配合エサ3(「アミノXライトグレ遠投」1袋半＝約2.2kg＝軽い)

1：オキアミをバッカンに入れたらまずマゼラーで細かく刻み、そこへ海水を入れる。
2：次に重い配合エサである③と粒が大きい配合エサである④を入れて全体をしっかり混ぜて水を吸わせる。
3：最後に軽い配合エサである⑤を入れて混ぜて全体をまとめる。
※粒を潰したオキアミと重い配合エサに先に水を吸わせて、それを軽い配合エサでまとめるというバランスにしている。それにより遠投に必要な重さとまとまりがありながら拡散もするコマセに仕上げている。

友松さんのコマセ
（40㎝バッカンで半日分を作る場合）

①オキアミ1枚（3kg）
②海水（シマノの水汲みバケツ小に半分弱。半分はやや多い）
③パン粉（なるべく粒子が粗いもの＝1kg）
④米ぬか（①～③を混ぜたあとにバッカンに入れて半分強になるだけ）

1：オキアミと海水をバッカンに入れたら、なるべくオキアミの粒を潰さずに水を吸わせる。
2：そこにパン粉を入れて混ぜる。この時も練ったりせずになるべくそのまま水を吸わせる。
3：オキアミとパン粉がしっかり水を吸ったら、全体のかさがバッカンの半分強になるまで米ぬかを入れ全体を混ぜる。この時も練ったりせずに全体をざっくりと混ぜる。最終的に全体のカサはバッカンの半分くらいになる。
※粒のオキアミ、つなぎのパン粉、全体をまとめる米ぬかのバランスで遠投性と拡散性が両立したコマセにしている。

Q19 釣り場での第1投はどこをねらいますか？

田中　最近は沖が多いですね。潮目があれば沖の潮目です。昔は手前から徐々に探っていくというのがセオリーでしたが、近年は沖から釣っていくほうが答えが早いと感じることが増えています。

友松　「潮の釣り」の場合は沖です。まず見るのは沖の潮がどっちに流れているのか。そして沖に対して自分の足もとや中間がどっちに流れているのかということを考えます。その際はもちろん目でも広く海を見ますが、ひとまず沖に投げれば投げるほど、沖の本流の潮に近くなりますよね。そのうえで自分の足もとがどう流れているのかを分析するためにも、まずは沖の潮を知りたい。あとは「石ころの釣り」ならねらった石ころからです。

Q20 釣り座はどう選びますか？

田中　一番は船長がここという場所だと思いますが、実は船長も釣りをしたわけではないというパターンもあります。迷ったら目安になるのはやはり船着けです。周囲で一番深い場所だからです。あとは自分の経験も信じつつ風向きで釣りやすいところを選ぶ。風が真横からとかになったら、ポイントの良し悪しに関係なくいい釣りができません。見た目よりも風がだいじです。この釣りはコマセで魚を動かせます。でも風は変えられません。そう考えると迷いにくくなります。

友松　釣りやすいところです。特に「潮の釣り」をするなら、まずは流しやすいところを探して選びます。「石ころの釣り」をするなら地形、グレが出て来そうな地形を探します。そして「石ころの釣り」では、潮がサーッと流れないところ。これも実際には地形ですが、コマセはここにたまり、魚はこのあたりから出てくるはずという展開が想像できる地形を探します。その時にやりたいなと思っている釣りがしっかりできるところですね。

Q21 シーズンを通じて最も グレを釣っているタナはどこですか？

田中 サオ1本から1本半までです。その中でもサオ1本前後、5m前後ですね。私はグレ釣りをする中でタナを深くするということはあまりしません。グレが食わないから深い場所にいるんじゃないか、だから深く入れるというのもまぁ必要なことではあるんですけれど、食ってくる時はだいたいサオ1本から1本半くらいです。これには自分の釣り方も関係しています。

友松 サオ1本くらいじゃないですかね。そもそもウキフカセ釣りは、そのあたりが一番魚を釣りやすい。コマセとサシエを同調させることと、あとは魚と出会えるチャンスを考えると、だいたいサオ1本くらいというのがこの釣りで最も釣りやすいタナになります。ただし、寒の時期であれば実際にサオ2本分などのごく深いタナをねらい、それで釣れることももちろんあります。

よく釣れるタナはサオ1本。そこにはグレの習性やウキフカセ釣りという釣り方が大きく関わっている

Q22 ねらうタナはどのように決めていますか？

田中　まず釣りを始める段階で、最初から決まったタナというのはイメージしていません。〝タナ〟という言い方が正確かわかりませんが、自分の釣りには3段階があって、ねらうタナは釣りをする中で決まってきます。最初が「①仕掛けを投入してウキはまだ浮いている状態」、次が「②仕掛けが沈みだすがウキが見えている状態」、最後が「③全体が沈んでいってウキが見えなくなる状態」です。

まずウキが沈みだすまでの間は、ハリスが6mで上から1mのところにウキを置いているので、探っているタナはだいたい5mまでです。釣りを始めたらまずそこで一度仕掛けを回収してエサの有無を見ます。もしエサが残っていたら、グレがいるのはそのタナよりまだ下ということがわかります。次は、ウキが沈みだしてから見えているまでの範囲を釣ります。その間は、アタリはウキの沈下スピードの差で取りますが、ウキが見えなくなったらまた一度仕掛けを回収します。この時にもエサの有無を見て、もしエサがなくなっていたらウキが沈み始めてから見えなくなるまでの間のタナを重点的に釣らなければいけないということがわかります。逆にエサが残っていたら、ねらうべきタナはさらにその下で、今度はウキが見えなくなってからあと何秒待てばよいかを考えます。この3段階のどこでエサに反応が出るのか？　反応が出たならそれがグレなのかエサ取りなのか？　それを探っていくというのが私のグレの釣り方の基本形になります。

ウキが目で見えなくなるのがだいたい6mくらいです。ですので、そこから秒数をカウントしてさらにじわじわと沈めていく場合で、深さでいえば8mくらいまでをねらっているのかなという感覚です。あとで説明しますが（**Q37**）、釣りには見切りも必要ですし、グレの習性も考えると、たとえグレが実際により深い場所にいる時でも、それ以上の深ダナをいつまでも探る必要性はほとんどないと考えています。そしてタナについては、あくまでも釣りをする中で決まってくるものということになります。

ねらうタナはどのように決めていますか？

友松

タナは釣ってみて決めるべきものです。そのうえで、エサの取られ方を見てグレだと思えば、その時はタナをより浅いほうに調整します。逆にエサ取りだとなれば、その時はタナを下げていきますが、タナの調整とは別に、より沖側をねらうなどつまりコマセの外を釣っていくことも考えます。

そして、これは私の釣りの基本的な部分の説明になりますが、私の釣りは「潮の釣り」であっても「石ころの釣り」であっても、どちらの場合も「①ハリスまでがなじむ」段階がまずあり、そのあとに「②ウキが沈み始める」という手順になります。それにより、ハリスが張れた状態の仕掛けをなじませていくのが基本です。ただし、海の状況からそれが難しいという場合には、「ウキをまず沈めて」「そのあとに必要なハリスの張りを作る」場合もあります。とはいえ、あくまで基本は前者で後者は応用です。

そこができたら、あとはＰＥラインのミチイトをアタリが伝わる状態にすれば、ウキが見えない状態でもアタリが取れ、さらにカウントダウンを組み合わせることでタナの把握も可能になります。ミチイト

タナは釣りを進める中で決まってくる。最初にねらうタナありきでないのが二人の大きな共通項だ

をアタリが伝わる状態にするというのは、一言でいうと、仕掛けがなじんだ状態でサオ先からウキまでのPEがまっすぐになり、なおかつ適度に張った状態にするということです。そのためにはメンディングも行ないます。そして、たとえばカウントダウン60秒でアタリが出たなら、次は60秒の少し手前からミチイトをより張って、そのタナでより長くホバリングさせるという釣り方をします。これらの組み合わせが、私の釣りにおける基本的なタナの管理方法になります。

Q23 釣れると感じる仕掛けの状態を教えてください

田中　仕掛け全体がコマセよりも少し遅い沈み具合になっている状態です。潮もある中で張らず緩めずにその状態を作って待つことができていれば、「これはいつアタリがあってもおかしくない」と思います。また、釣りをしている間は、その状態を作るためにどうすべきかを常に考えています。

友松　「潮の釣り」なら、仕掛けが潮をしっかり噛んでいて、ラインがパラパラパラと一定のリズムで手もとから送り出され、ちょっとブレーキをかけてもすぐに浮かない状態。「石ころの釣り」の場合は、なじんだ仕掛けがコマセと同調しながらねらったシモリなどに入って行くのが目で見える時ですね。そういう時は「これは食うだろう」という感覚になります。

Q24 逆にこれは釣れないと感じる仕掛けの状態を教えてください

田中　やはりなじまない時ですね。流れがあるところで仕掛けを止めるとウキやハリスが浮き上がりますが、なじませようとしているのにそういう状態になる時はまず釣れません。ウキが先行して仕掛けを引っ張り上げている時や、速い潮の中で仕掛け全体がただサーッと流されている時も同じです。

友松　「潮の釣り」だったら、自分の求めているようにハリスが張れない時です。ハリスを張ろうとすると仕掛けが浮くとか、あらぬ方向に引っ張られてしまうとか、そういう時はコマセからも外れてしまうので釣れないなと思います。また、「石ころの釣り」なら、アンカーとしてのオモリは打ちますが、あくまでもオモリから先のハリスとハリがしっかりなじんで、その重みが掛かった時に沈む状態にします。そのなじみが得られていなければ釣れないと感じます。仕掛けがサーッ流されてしまうような状態もダメですね。

Q25 釣りを始めて最初にチェックすることは何ですか？

田中　潮の流れ方や地形はもちろんですが、あとはエサ取りの有無と種類ですね。それによって釣り方が変わってくるためです。まずは生のオキアミが残ってくるのかこないのか。残ってこないならエサ取りがいるので、そのエサ取りが何なのか、それによってどうかわしながらグレを釣るのかを考えていきます。

友松　潮の流れですね。まずは釣りをする前に海をよく見て、潮がどのように流れているかを予測します。右から左に流れていそうだなとか、それならあそこに潮目があるのかな?といったことです。そしたら仕掛けを投入し、その予測が合っているのかを確認します。なじめばポイントだということになりますし、そうでなければ他の場所を釣らなければいけない。そうやってポイントを探していくというのが、やは

エサ取りの有無と種類は最初にチェックすべきことの1つ

り最初の作業です。そこから反応があればエサ取りなのかグレなのか、タナは浅いのか深いのか、仕掛けは張れるのか張れないのか、そういったことを考えていきます。

Q26 潮回りや潮の干満について気にすることはありますか？

田中　魚の活性に海の状態が影響する部分はもちろんあるでしょうが、釣りをする際にそれを気にしているのかといったらしていません。グレは回遊魚のように移動する魚ではないので、たとえ釣れなくても魚はあくまでそこにいて、あとはテクニックの問題と考えます。大潮よりも小潮のほうが釣りやすい場所や、大潮のほうが釣りやすい場所というのはありますが、それはもうポイントの問題で、潮止まりでグレの食いが悪くなることもあるでしょうが、大切なのはそこでどう対処できるか。釣れないのであれば、あくまで仕掛けや釣り方がマッチしていないと考えます。これはメンタル的なものですが、トーナメントに出てどんな状況でも釣らなければいけないという釣りをするようになってから、意識的にそうした考え方をするようになり、実際に釣れるようにもなりました。

友松

競技ではなく普段の釣りをするうえでということなら、たとえば浅い地周りは潮位がないと魚が入りにくいですし、魚がいても潮位が下がると釣り人の姿が見えて警戒するので、朝夕のマヅメに潮位が上がる時間帯を選んで出かけるほうが釣果が伸びます。ただ、上げ潮の何分が釣れるとか、下げ潮の何分が釣れるとか、そういうことは普段から全く意識していません。大潮だから小潮だからというのも同様です。瀬戸内に住んでいた時は、大潮だと潮が速すぎるから嫌だなといったことも多少はありましたけれど、それをどう気にするといったことはありませんでした。ちなみに潮の上げ下げというのと、潮の上り下りとは別です。潮の上り下りは黒潮との関係なので、満潮だから上り潮になるというものではありません。それも含めて釣りをする時に気にすることはないですが、ただし、瀬戸内とか豊後水道とか五島列島とかになると、上げ潮だったらこっちに流れる、下げ潮だったらこっちに流れるというのが決まっているので、そういうところは上げ潮ならここのポイントに行ったら釣りがしやすいといったことは事前にわかります。それはポイント選定とか釣り場の選定には重要な要素になります。

Q27 グレがよく釣れる天気や風波の状態はありますか？

田中　私はあまりないと思っています。人間側が釣りやすいか釣りにくいかの違い。雨が降ると水面が見にくいですし、サオにイトがべたついてしまったりして釣りづらくはなる。あとは一番の障害は風ですよね。ウキフカセ釣りは流していく釣りなので、とにもかくにも風が一番の妨げになる。だから風や雨は魚がどうこうよりも、釣り人側が釣りづらくなる要素と思います。実際のグレの活性もそこまで変わらないと思っていますが、とはいえ上がっている可能性はあるかもしれません。というのも、釣りをしていてコマセを撒きながら魚を見るじゃないですか。よく経験するのは、見える魚がいる、よし食わせようとねらってもなかなか食わないという時に、一歩下がってグレから見えない位置でサオをだすとよく釣れるんですよ。そして、釣りながら少し身を乗りだして確認すると、先ほどまで見えていた魚の何倍という数のグレがいることがよくあります。しかもタナもより浅いところまで浮いてきている。だから雨や風波があると、こちらが見えにくくなるぶん、釣れやすくなっている可能性はあるかもしれないなとは思います。

友松　私の経験上、少なくとも地方の釣りでは荒れ気味の天気の時のほうがグレの活性は間違いなく上がりますね。ただ、よくわからないのは五島のように遠投して釣るところでも、波が出た時のほうが釣れるんです。距離が離れるほど光の入射角も浅くなるから、魚から釣り人の姿が見えるということは絶対にないはずなんですが、実際に波っ気がある時のほうが釣れる。私は凪のほうが好きで、釣り自体も凪のほうがしやすいのですが、なぜなんだろうというのは気になっています。

Q28 オキアミの生、加工、ボイルの使い分けを教えてください

田中

3つの違いは硬さです。軟らかい順に食いがいい。逆にエサ取りには硬い順に強い。また遠くに飛ばすのも硬いほうがやりやすいです。その中でいうと、スタンダードは魚の食いもいい生。そして加工エサの出番は遠投です。超遠投すると生のオキアミだと外れやすいけれども加工なら外れない。ボイルならより外れないけれども食いが落ちる。そういうバランスの中で状況に応じて使い分けます。あとはエサを硬くすることで、型を出そうとすることがあります。生のオキアミで中型グレがよく釣れるとして、あえてボイルにすることでサシエを残して大型をねらうといった時です。これはつまり、中型グレをエサ取りと見なすということ。エサを硬くすることで、中型グレに取られずに残ったエサを大型グレが食べる。そういう使い方をします。

友松　エサ取りの有無、あとは比重の問題で使い分けています。たとえばオキアミではありませんが、私は芝エビのムキ身(ムキエビ)もよく使います。そしてムキエビは非常に重くてよく沈みます。だから仕掛けをしっかり立ててサシエを深いところに素早く届けたい時にはムキエビが長けている。同じようにオキアミの加工エサも、生オキアミと比べると比重が高いので、生オキアミよりも早く仕掛けが立ちやすくなります。そういうところとあとは硬さ、つまり取られにくさですね。ボイルに関してはやっぱりエサが取られにくい。ハリにエサが残っていないとグレは絶対に釣れません。その残りやすさを利用する時と、あとはボイルオキアミは比重が軽く、遠くから見えるという特徴があります。そうするとオナガが来る時とかにはやはりいいですよね。いずれにしても3者の特性を理解して状況に合わせて使い分けるということです。

Q29 オキアミ以外のエサは何を使いますか？

田中　私の場合は、ムキエビと固形タイプの練りエサを使うことがあります。ムキエビを使う時の考え方はオキアミの使い分けと一緒ですね。エサ取り対策だったり、型を上げるために小さい魚の口に入らないようにしたい時に使います。練りエサは大きくするのも簡単なのでエサ取り対策に使うんですが、とはいえ練りエサは特殊で魚も食い慣れていないから食い込まないことが多い。どういうところで使うのかというと、私の中では養殖イカダが近くにあって、グレが養殖魚用のペレットを食い慣れているような釣り場です。そういうところで使うと非常に効果があります。ただ、練りエサは難しくてイスズミが大好きなんですよ。だから沖磯の釣りにはあまりよくないですね。湾内の波が静かで養殖が盛んなエリアでの釣りで出番があります。ちなみにその際、練りエサの色は関係なくて、黄でも赤でも茶でも食います。それよりも硬さですね。市販されている練りエサもいくつか種類がありますが、ハリから落ちずに食いがよい軟らかさのものを使うのがコツになります。

友松

ムキエビは普通のオキアミで釣っていてもなかなかサイズアップしない時に、サシエをムキエビに変えるとポンとでかいのが食うという時があるので、そういう時に使います。あとは練りエサですね。練りエサには崩壊系と溶解系の2種類があります。ヘラブナ釣りでいえばバラケエサが崩壊系で、食わせエサが溶解系です。私がよく使っているのはヌカとパン粉を水で練っただけのもので崩壊系です。粉しか食わないグレというのがいて、そういう魚を釣る時には、崩壊系の練りエサを使ったら一発で食います。溶解系は宇和島とかでコッパグレがごまんといる時に使われているタイプの市販の練りエサのほうですね。小さいのには突かせるだけで大きいグレだったら食えるという状態を作るやつです。あとは夏場の大型イスズミ釣りもやるので、その時にも使いますし、アジやサバが非常にたくさんいる時も使います。

Q30 コマセの前打ち・後打ちやコマセワークの基本を教えてください

田中

私は前打ちを5杯、それで仕掛けもしっかり合わせます。そして後打ちが3杯。これが基本です。そして後打ちはしっかり合わせるのではなく、仕掛けの少し手前に入れます。というのも前打ちの5杯というのはババッと打ちますよね。そこに仕掛けを合わせると同じように沈んでいってくれる。ただし、仕掛けは絶対にミチイトのほうに引っ張られて手前に寄ってくる。そのあとに利かせたいコマセなので、後打ちは手前に入れます。つまりここでいう手前というのはミチイト側ということです。仕掛けの先に打ったコマセというのは何の効果もありません。むしろマイナスでしかない。そっちに魚が行きますし、仕掛けが追い付くこともありません。だからエサ取り対策などの特殊な場合をのぞけば、コマセと仕掛けを同調させるという基本においては、コマセを打つのは絶対に仕掛けの手前です。あとはエサ取り対策用のコマセと本命用のコマセの比率は、エサ取り用のほうを多く、本命用のほうを少なく、たとえば10対1などにして、量だけでなく距離でも調整するというのが基本になりますね。ちなみに遠投の釣りの場合は、私はやっと飛ばして50ｍくらいですが、50ｍ、40ｍになるとエサ取りは邪魔してきません。その時はエサ取り対策というのはもう必要なくなります。ただ、遠投をして釣るほどミチイトの影響で手前に仕掛けが引かれますから、コマセはいっそう手前のミチイト側に必ず利かせておくことが大切になります。

友松

　前打ちをする時というのは、魚が比較的浅いところに出てきて、その浅いところでコマセとサシエを合わせる時です。その時は前打ちをします。一方、後打ちをする時というのは、私は後打ちが基本なのですが、ある程度のタナに吊るしているサシエに対して上からコマセをふりかける時です。当たり前なのですが、その時は後打ちをします。つまり前打ちをする時はどちらかというと魚の活性がいい時で、後打ちをする時はより魚の活性が渋い時、そしてさらに後打ちの追い打ちをする時というのは、もっと魚の活性が渋い時という使い分けになります。

Q30 コマセの前打ち・後打ちや コマセワークの基本を教えてください

　後打ちの追い打ちをする時というのは、たとえばあるタナにグレがエサを食いに出てくるとします。その時グレは、最初は少し離れた場所にいます。そしてマキエを撒くとそのタナにワーッと出てきて、パクパクパクとコマセを食います。この時もしグレの活性がよければ、サシエがその食うタナに入っていれば釣れるわけです。でも、活性が悪い時というのは、コマセに湧いてきてパクパクとはするんだけれども、サシエは見ているだけで食わないということが起きるんですよ。そして、そのうちにわずかに残ったコマセが沈んでいって、湧いてきたグレも元の場所に戻ってしまいます。この時はサシエとコマセが合っているんだけれども、いつまでもサシエが残るという状況になります。もっと深い場所にいるのかもしれないと思ってタナを下げたとしても変わりません。そうなるとなかなか釣れません。

　そのような場合、サシエをどんどん入れていくのではなく、サシエを吊るした状態でもう1回コマセを後打ちします。そうすることで、新しいコマセがまたサシエに出会うからです。そういう状況を繰り返し作ってやると、湧いてきたグレが間違ってサシエを食う確率が上がります。その時は1回よりも2回、2回よりも3回と回数も増やしたほうが効果的ですが、さらにいえば、回数を増やしつつトータルで撒くコマセの量は増やさないほうがもっと釣れます。この考え方は「潮の釣り」で仕掛けを送り込み過ぎないように釣っている時も、「石ころの釣り」で仕掛けを吊している時も一緒です。

グレは残って沈んで行くコマセについてどこまでも潜っていくということはありません。なぜなら海中には水温が急劇に変わる水温躍層がある程度の場所にあって、グレはそこをまたいで居心地のよい水温のタナよりも下には行かないからです。だから寒の時期にサシエが残る場合でも、どこまでもタナを下げるよりは、サシエを吊るして後打ちをして、さらに追い打ちをするほうが効果的です。これについてはいろいろな流儀があって、同じ考え方でもコマセは全部前打ちのほうがいいという人もいます。個人的には、それにはキタマクラが多いなどの地域的な要因も影響するのかなと思っていますが、いずれにしても前打ちの場合はねらったタナでコマセとサシエが出会うチャンスが1回です。それに対して後打ちなら複数回のチャンスが作れます。それが私の基本的な考え方になります。

Q
30 コマセの前打ち・後打ちやコマセワークの基本を教えてください

コマセワークのバリエーションは無限大。まずは前打ちと後打ちの役割を明確にしておくだけでも釣りは変わる

Q31 渋い時のサシエの付け方はありますか？

田中

渋い時に効果があるのは、軟らかいエサにすることです。具体的にはオキアミの殻が硬いのでそれを剥くということになります。ただ、オキアミの殻を取ってしまうと引っ掛かりがなくなるのでハリからは外れやすい。遠くには飛ばせなくなります。

私はオキアミの頭を必ず取ります。これはいつでも必ずそうしています。まず頭を取ったら、その頭のほうからハリ先を入れて、尻尾のところに抜いて最後に尻尾を外すという付け方をしています。理由はそのほうが身の部分がハリのチモトをしっかり覆ってくれること、あとはグレが口にした時も口当たりが軟らかいのではないかと思うこと、そしてハリ先を尻尾の硬いところから抜くことでオキアミが外れにくくなるからです。この3つの理由からオキアミは頭側から刺すようにしています。

そのうえで、エサを軟らかくしたいと思ったら、頭のほうの殻を1

枚か2枚剥きます。それでグレの食いは断然よくなります。正直なぜなのかはわかりませんが、やはり口当たりがよくなるのでしょう。そして、それでも食い切らない、アタリは出るけれども乗らないなと感じたらさらに殻を剥きます。最終的に全部剥くこともありますが、殻を剥く作業は実際には結構な手間です。だから必ず段階的に剥いていきます。全部剥かずに半分でグレが食うならそのほうがいいからです。

私がグレ釣りを始めたころは、ハリは必ずオキアミの尻尾側から刺して頭がきれいに残っていないとグレが食わないとよく言われました。でもそんなことは全くないと思っています。オキアミは自然界でグレの周りには存在していないエサですし、私の場合はコマセの中のオキアミも潰すので完全な形のものは最初からありません。そうであればハリには身さえ付いていればグレは全く問題なく食べると思っていて、実際にそれで食ってきます。さらにいえば、実際はハリが見えている状態でもグレはオキアミを食ってくると思っていますが、とはいえ余計な突起はないほうがエサも外れずトラブルもないこともあって、ハリはきちんと隠すようにしています。

渋い時のサシエの付け方はありますか？

友松

渋い時なので生オキアミをどういうふうに付けるかの工夫になると思いますが、やはり殻を取ったほうが食いはいいです。ですので、最終的に食わなかったら殻を全部取ったムキ身を付ける。ただムキ身にするとエサ取りにもグレにも一瞬でやられます。その兼ね合いで、たとえばオキアミの尻尾から5節をサシエとしてハリに付けたとしたら、最初は1節分をとりあえず取ってみる。そしたら次は2節分、その次は3節分、最後は全部取ってみます。それでどれが一番いいかというのを探します。

グレは冬になるとやはり一度口にしたサシエを吐き出します。そして硬いものをすごく嫌がります。だからオキアミも赤い抱卵系のものだと殻が硬いので渋い時は全く食いません。それよりも白っぽい新物のオキアミのほうが水分も多く殻も軟らかいので食います。殻が軟らかいと遠投した時にずれてしまいますが食いはいいですね。ちなみに遠投する時には頭は付けて極力でかいサシエにして目立たせます。沖は広い範囲からたくさんの魚が集まってくるので、その中で小さなサシエに出会ってもらうのは大変じゃないですか。だからサシエもでき

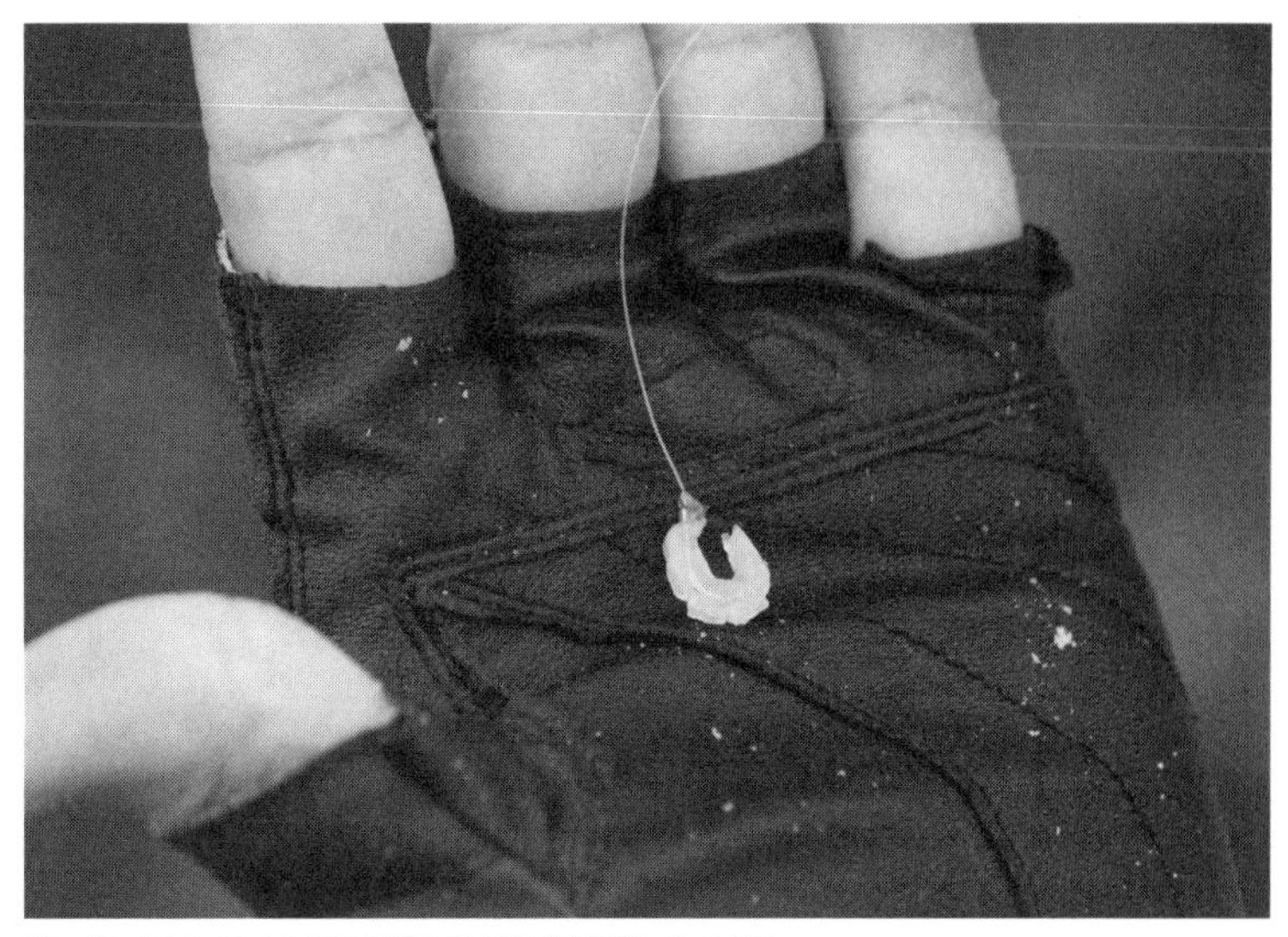

渋いグレに対してオキアミの殻を剥く効果は間違いなくある

るだけ大きくして魚から見つけてもらいやすいようにし、その時はオキアミも魚の活性によらずまずはシンプルに大きなものを付けるほうがいいです。ただし、沖でも食い渋っているなという状況なら同じように殻を剥くといった工夫をします。

Q32

磯際ねらいが有効なのはいつですか？ またその時の釣り方は？

田中　激渋の時ですね。沖をどれだけ探ってもエサを触らない。足もとを釣ってもほぼエサが残ってくるという時。そういう時は磯際をねらいます。釣り方については、仕掛けは一緒で変わりません。その代わりとにかく時間をかけて落としていく。だいじなのはとにかく時間をかけること。要はゆっくりなじませることとです。あとは風の向きだったり、流れの向きですよね。磯際は潮が当ててきたり、風が当たってきたりするので、仕掛けが絡んで瀬に張り付いてしまう場合があるので、波が寄せて離れるようなところをねらって仕掛けを沖側から少し引き入れたりします。磯際から離れつつなじんでいくような、そういう場所で引いて戻して、また引いて戻してといった操作をすると、徐々に仕掛けがなじんでスーッと入っていくようなら一番いいですね。あまり押っ付けてくるような場所よりも、そういうところのほうがある程度の調整ができるので釣りやすいです。本当にギリギリの磯際をねらわないとグレがエサを食わないということはまずない。グレは崖に張り付いている魚ではないですから、それはあまり考える必要がないと思います。

友松　水温が下がっている時、沖にエサ取りが多い時、エサ取りにサバが湧いている時などです。昔は段シズをオーバーに打ってもろに沈む仕掛けにし、それを引っ張り込んで磯際に張り付けるといった釣り方がよく紹介されていたと思うのですが、私は「石ころの釣り」で紹介しているように軽い仕掛けを徐々になじませることが多く段シズを打つこともほとんどありません。そのほうが磯際の棚の上にサシエが乗ってしまうといった失敗も防ぎやすくなると思います。

Q33 仕掛けの振り込み方法は何が多いですか？

田中　私はどんな時でもハリスは掴まず垂らした状態から投げるオーバースローです。その際、前打ちのコマセを撒いたヒシャクはホルダーに置かず、そのまま右手に持った状態でサオに添えて、両手で振り込みの動作に移ります。私の場合、サオを常に持って支えるのが左手で、ヒシャクを持ちサオに添えるのが右手になります。これはいつでも変わりません。あとはなるべく余計なミチイトが出ないように、左右どちらかの風上側にサオを傾けた状態から振り込みを行ないます。

友松　オーバースローです。ねらう場所が足もとで本当に近ければ振りかぶる必要ないですが、後ろに何もなければオーバースローが一番投げやすいですよね。あとは背後のスペースがない時なら、サシエの上のハリスを持ってたすき振りで投げます。右から投げるか左から投げるかはその場所しだいですが、ハリスを持つ場所はハリの上10㎝くらいです。また、これは場所によって上手くいく時といかない時とがあるのですが、背後がない時には通称「面の投げ方」もやりますね。オーバースローなのですがまっすぐ真上に振りかぶって、そのまま振り下ろす方法です。そうするとサシエの軌道が意外に後ろに行きません。

オーバースローもたすき振りもコツは全く一緒です、ウキの重さがクッとサオに乗る瞬間を感じ取ることが大切です。それによってリリースするタイミングを調整します。

あとはウキフカセ釣りの投入というのはサシエが取れやすいじゃないですか。ルアーフィッシングであればそんなことは気にしなくていいんだけれども、ウキフカセ釣りではただ思い切り振り切ってしまうと、オキアミが取れるリスクがあって、だから加減する必要がありま す。特に遠投する時はそうです。エサがない状態で釣りをするというのはあり得ないことなので、そこは一番気を遣います。私は遠投する時も含めて、投入時は空中でサシエがちゃんと付いているかどうかを必ず目で確認します。それをしていない人が意外に多いのですが、私は試合であろうとプライベートの釣りであろうと、サシエを見失って確認できなかったと思った時は、必ず仕掛けを回収して投げ直します。結果的に取れずに付いている時もありますが、そのままにすることは絶対にありません。そこは非常にだいじです。

正確でトラブルのない投入もこの釣りには欠かせない。サシエの有無も必ずチェックする

Q34 エサ取りの種類ごとのかわし方はありますか？

田中

キタマクラや**カワハギ**は目立つものが好きです。そのためコマセからサシエのオキアミを離すと目立ってしまうので逆効果。その時は一定の範囲でブワッとコマセを撒きます。するとキタマクラやカワハギが寄ってきますが、食べやすいエッジ部分から食って、わざわざ中には入ってきません。そのためサシエはその真ん中に入れてやるのが一番カムフラージュされて目立たない状態で落としていけます。

コッパグレや**オセン（スズメダイ）**は、本命のグレとの口の大きさの違いを利用します。こいつらは歯がありますが、サシエをガシガシ食うような歯ではなく、本命と比べると口が小さいのでサシエが食い切られずに残っていく。それで口の大きい本命のグレに届いたら吸い込まれて釣れる。エサ取りに突かれている間は細かいアタリだったのが、本命のアタリになるとはっきり出る。それを待つというような釣り方をします。あとは遊泳力。大きいやつほど泳ぎが速いですから、いわゆるコマセワークで振り分けて魚を動かして釣るという釣り方です。ただし、エサを撒く範囲を広げるのはキタマクラやカワハギがいる時は逆効果になるので、いろいろなものを組み合わせないといけないですね。

小サバは一番厄介なんですけれど、口にくわえても意外に吐き出すんですよ。また下に落ちたものまでは追いかけて食わない。自分の食いダナにあるものだけを食って、それが口に入らなければ吐いて、それがまた落ちてみたいな状況があります。ですので、ちょっとしたアタリみたいなもの、軽いアタリを合わせない。くわえて引っ張っているだけだから、それを放っておくとエサが残るんですよね。それを繰り返しているとエサが薄くなって、小サバもちょっと散って、ボロボロになったエサが残り、それを本命が食うということがあります。そのイメージを頭に入れておいて、ピンピンピンと小サバのアタリがあってもそれはシカと、本命ならブーンと行くのでそのアタリを待ちます。そこを我慢するのがコツになります。小サバは数が多いのでかわそうと思ってもかなり難しいです。それよりも、どうやったら吐き出されやすくなるのかを、たとえばハリ

を大きくするとか、エサを大きくするとかで考えています。エサが残らない限りはグレが釣れる可能性がゼロなので、食う食わない以前にどうやれば残るサシエになるのかを考えることがエサ取り対策になります。

ちなみに**サバ**と**アジ**の違いは口の大きさで、サバはどんなサイズでも口にくわえます。だからかわしづらいと言われますが、でも待っていれば吐き出す。大きいサバになってしまうとそれも難しいんですが、ともかくそれを利用する。それに比べればアジはただ吸い付くだけです。引っ張るだけで食い込まない。だから同じようにビンビンビンビンとなっても放っておけばいいとなります。

小メジナも本命と習性が一緒なのでかわしづらい。小メジナはフィッシュイーターが怖くて沖に出られないから、遠投でかわせるならそれがまず一番いい。でも沖が浅いような釣り場は遠投してもそこから小メジナが出てきます。そうしたら次は遊泳力の差を利用したり、それに加えて口の大きさの差を利用する。エサの位置も変えるし大きさも変える、そうやっていろいろな要素を組み合わせて、やっと答えが出るというのがエサ取り対策になります。

あとは今説明したものを含めて、エサ取りには大きく2種類がいるという考え方をしていて、1つは〝短いエサ取り〟と呼んでいますが、**ネンブツダイ**、**オヤビッチャ**、**コッパグレ**、**フグ**、**カワハギ**などです。もう1つが〝長いエサ取り〟で、**イワシ**、**サバ**、**アジ**、**キビナゴ**などの回遊魚系です。で、私たちの釣りを邪魔するエサ取りのほとんどは〝短いエサ取り〟で、それらの魚は根に付いています。だからそういう魚が多い時は根周りを避けて遠投で釣ることが多くなります。でも、回遊魚系の〝長いエサ取り〟が多い時は、逆に沖から入ってくる魚なので、沖にエサ取り用のコマセを打って足を止めて、グレは少ないコマセで根周りでねらったりします。そういうことも考えます。

いずれにしても、エサ取り対策というのは、何か1つのパターンで対応できるといった甘いものではありません(笑) そのうえで何をもって自分がそれをしているのか、口の大きさを利用しようとしているのか、動きの速さを利用しようとしているのか、自分の中で理由が明確になっていることが大切です。それがあると、これをやってこの大きさの魚が釣れるなら、じゃぁ次はこうしてみようという考え方ができるようになります。

エサ取りの種類ごとのかわし方はありますか？ 34

友松　**サバ**と**アジ**は一緒ですよね。かわし方としては口鉛と地形を使います。あとは叩きつけるようなマキエワーク。これはあとで（P１０４）詳しく説明します。

オセンは遠投。手っ取り早く手前にコマセでオセンを集めて、そのさらに沖に遠投する。ただし、沖にオセンがたまる時があるんですよ。そういう時は手前にいくらコマセを撒いても沖のオセンは帰ってきません。そうすると沖の中でさらに遠近を使うことになります。

イスズミは大型のイスズミだったら遠投。50㎝以上のイスズミ、50㎝から70㎝くらいまでのでっかいイスズミは遠投の釣りでかわします。小イスズミは沖に出して手前でグレを釣るということが多いのですが逆もあり、沖でかわす時も手前でかわす時もあって状況によります。

ネンブツダイも遠投です。ネンブツダイは口が大きい。だから手前でかわそうとしても、サシエを一発で食ってしまうんですよ。ボイルでも食べてしまう。だから磯際に集めて遠投でかわす。手っ取り早く沖に遠投するのがいいですね。

エサ取りは習性を押さえて対策する。なぜそのエサ取り対策をやるのか自分の中で理由を明確にしておく必要がある

サバ対策の口鉛と叩きつけるコマセワーク

サバ対策の1つに「口鉛」があります。トーナメントに絡むことなので、本当はあまり言いたくないんですけど(笑)、これは結構奥が深いです。たとえばサバ対策としてG1をハリから5㎝くらいのところに打つパターンというのは、トーナメントに出ている人ならかなり普通にやっていると思います。ただ、実際はそれだけだと足りなくて、その日のグレの活性とサバの量に合わせてより細かい調整をすることがキモになります。

まずハリ近くに打つガン玉は、軽ければ軽いほどグレの食いは絶対にいいです。けれどもサバが多ければ多いほどそれだとサバの層を通過させられなくなります。そこでまずはどの大きさのオモリだったら通過させられるのかが1つの要素になります。もう1つがハリからの距離です。オモリがハリから遠くなるほどグレの食いがよくなりますが、サバの層は通過させにくくなります。そこでオモリの大きさとハリからの距離の両方から調整するのがサバ対策の基本になります。

実際にどうするのかというと、たとえば最初はハリから20㎝のところに3Bを打ちます。それでハイ通過しました、でもグレは食いませんとなったとします。そうしたら3Bで通過はさせられるけれども、ハリからの距離が近すぎると考えて、次はもう20㎝上に上げてみます。それでまた通過しますとなったら、さらに20㎝上に上げます。そうやって距離を長くしていって、食うかどうかを見ますけれど、そもそも3Bではグレが全く食いませんとなったら、今度はオモリを3Bでなく2Bにします。また同じことをやってダメならBにするわけです。そしてもしBにして、今度はサバの層を通過できませんとなったら、オモリを2Bに戻します。それらの調整で縮めたり伸ばしたり軽くしたり重くしたりして、サバの活性、グレの活性を見ながら、1回1回こまめに変えて正解を見つけていくのがサバの釣りになります。基本的にはオモリの位置はハリの近くでいいんです。でもその中で微調整をちゃんとやるというのが非常にだいじ。だからトーナメンターでサ

バの釣りを知っている人は、サバがいたほうが勝てる可能性が高くなります。そこまでやっている人が少ないからです。ちなみにサバの釣りに慣れてくると、だいたいこれくらいかなというバランスもわかってきますし、その時のサバがそもそもかわせるものなのか、そうでないものなのかも感覚的に掴めるようになってきます。ただし、たとえサバの釣りをやったとしても、どうしようもない状況というのも確かにあります。そしてサバの釣りがやりやすいのは、やはり「石ころの釣り」です。生え根に絡んだ割れ目や溝のような〝石ころの割れ目〟があるようなところだと条件としては最高ですね。

また、サバの釣りの時は特殊なコマセの撒き方も発動します。サバがブワーッといるじゃないですか。で、基本は足もとの1点集中で撒くんですよ。たとえばV字の割れ目が足もとにあったらとにかくその中の一点にまず集中させる。けれどもそうすると沖のサバも全部そこに集まろうとします。そこで沖にもバンバン捨てのエサを撒きます。それで捨てのエサも撒きながら、足もとのV字にもバンバン撒くのですが、そのまま仕掛けを入れると即刻サバに食われてしまいます。その時に〝バンッ〟と思い切り叩きつけるようにコマセを撒くんです。するとパッと一瞬サバの群れが散る。その瞬間にサシエを入れます。でもサシエを入れるとビビッて散っていたサバが1秒で戻ってくる。それでどうするかといったら、サシエを投入した地点に〝バンッ〟とまた思い切りコマセを叩きつけます。それをサシエを落とす間、10回くらいひたすらやり続けるのです。だからめちゃくちゃ大変な釣りです(笑)

プライベートの釣りでそこまでやるかといったらなかなかやりません。でも、たとえば口鉛の使い方は、手前がネンブツダイやオセンの絨毯になっていて、かといって沖もタカベの絨毯になっている、そうなるとやはり磯際をオモリを使って釣るしかないというような状況になった時にも応用が利きます。知っておいて損はないです。

Q35 サラシねらいが効果的な時期やタイミングはありますか？

田中　水温の高い時期です。変化のあるところを釣るというのはグレ釣りの基本的な部分なので、その点でサラシは変化の代表的なものの1つですから、他の時期でもねらうことはあるのですが、寒の時期は水の動きが大きいところは水温変化も大きくなるという要素が出てきます。また、産卵前にお腹が大きくなったグレはあまり動きたくない。体力を消耗せずにエサを取れるところに入りたいという状態になるので、そうなるとサラシは逆にねらいめではないということになります。一方、高水温期のサラシには、変化があることに加えて、流れが暴れているのでエサ取りが入りにくいという要素があります。ですので、そういう時はサラシをねらうことでグレが釣りやすくなります。サラシねらいが効果的な時期というと、オナガの活性も高く梅雨グレの時期になる6月や7月頃だと思います。

友松　「石ころの釣り」をする時はサラシ周りをねらうことがわりとあります。地形にサラシが絡むような場合です。ただしサラシは利用するものだと思っています。それによってラインを取られにくくするとか、あとは沖から流れてくる潮がサラシにぶつかるところであれば必ず潮目が出来ます。すなわちコマセがたまる。それを利用するとかですね。だからいつがいいといった捉え方をすることは正直ないです。エサ取りが多い時に、あえてサラシの中の強い流れをねらうという手法も昔からありますが、私はサラシの中は釣りにくいだけで、そういう釣りをわざわざしようとは考えません。それなら沖に大遠投してみたり、あるいはそのサラシが伸びて行ってコマセがたまる場所にエサ取りが湧いているのであれば、その横のコマセがほとんど入っていない場所にあえてポイントを作ってワンチャンスをねらうことを考えます。それでもエサは取られるでしょうが、エサ取りが一番たまっている場所よりはチャンスがあって、そこでグレが出るかもしれないからです。あとはサラシを直撃するとしたら、それによってサバを避けられるかもしれないといった時です。

Q36 サラシねらいのコツはありますか？

田中　サラシのど真ん中は釣りづらいですし、実際になかなか釣れません。理由は流れが暴れているのでミチイトが引っ張られますし、コマセを打ってもそのコマセがすぐに端のほうまで流されてしまうからです。魚はコマセが一番たまるところに集まります。だからサラシを釣る場合も、まずはど真ん中をねらおうとせず、サラシの際の一番潮と当たる部分、それを潮目というのであれば、そこをねらうのがキモになります。釣りやすいのは、サラシの中でも潮を受けている側です。大きなサラシがあって、潮が当たる側には吸い込み潮が出来るので、コマセや仕掛けが止まるところがあります。エサ取りも入りにくく、オモリを打った仕掛けをとどめておくような操作もしやすくなります。そうなっている部分のサラシは条件がよく釣りもしやすいです。逆に潮が当たっていない側のサラシはモヤモヤと広がっていくだけでそれがありません。つまり落ち着くような場所がないサラシは、サラシであってもダメというか、ねらいどころではないということになります。

そのうえで、あえて直接サラシをねらうのであれば、たとえばオモリもたくさん打って、コマセの利いているサラシの際にドーンと仕掛けを沈めて入れて張っておくのが一番いいと思います。そこをきれいに釣るというのは不可能な場合が多い。流れが強くてミチイトが引っ張られてしまうのでウキが浮きっぱなしになったりして、そういう状況では魚から人も見えていないので、きれいになじませるといった発想はむしろやめて、とにかくエサがそこに入っていればバンバン食ってくると考え、あとはどれくらい仕掛けを入れるのかを調整するほうがいいです。強いサラシだといくらオモリをたくさん打っても波を受けるので仕掛けがなかなか入っていきません。それよりもイトの出し具合で沈み加減を調整することになります。そういう発想で釣って、もし釣れる魚がグレではなくマダイなどの他魚だったらイトの出し具合をもう少し浅いところで止める。本命だったらその加減をキープする。そうやってタナを見つける。いずれにしても自然に流す必要はなく、

サラシねらいのコツはありますか？ 36

仕掛けを張り気味にしてあとはタナを探す〝チョウチン釣り〟になります。その時は大きめの遠投ウキのままだとサラシの中に入れにくくなるので、ウキのサイズも小さめにするほうがいいですね。

友松

たとえば沖まで延々と流れて行くようなサラシというのは、上っ面しか流れていない場合が多く、実際はあまりいいポイントにはなりません。どこかでしっかり止まってくれないとサラシとしてはよくないです。それは沖向きが縦方向だとすると、横方向でも一緒です。しっかり止まってくれるところがない、切れ目がぼやけて広がっているようなサラシはいずれにしてもいいポイントにはなりません。

サラシはわかりやすいポイントの1つだが、その中でも釣りやすい場所や利用の仕方を考えることが釣果に繋がる

Q37 深ダナはどこまでねらいますか？

田中　グレ釣りをする中でタナを深くするということはあまりしません。というのも、これは私の考えですが、深いところにグレがいて釣れない時というのは、そもそもエサを食べたくないから上に上がってこないと考えているからです。これは私の感覚的なものですが、昔から熱帯魚やメダカや金魚をよく飼っていてエサをやるんですけれど、魚というのはエサを食いたい時には絶対に上に浮いてきて食います。もともと下向きに口が付いているような魚は別ですが、横に目が付いていて上を見ているような魚はそうです。エサを食いたい時に下で待っていて食うということはない。ましてや自然界にいる魚にしてみれば、次にいつエサが食えるのかもわかりません。だから食えるとなれば我れ先にと食う習性があるはずです。

その中であえて下にいるということは、エサを食いたくないからそこにいる状態なわけで、実際に目の前にエサが来ても食わないいんですよね。海の中には釣れない時でも実際にはたくさんのグレがいると思うんですよ。そして、その中に寒いしお腹も大きいしエサはあまり食べたくないんだけれども、たまにはちょっとエサを食いにいこうかなという魚がいて、それがゆっくり上がってきて、それこそサオ１本とか１本半とかのタナまで上がってきて、エサを口にしたらまた戻るというイメージです。だから逆にいうと、大半のグレに食い気がなくて深い場所にいるような条件の時は、なおさらその中から活性が上がって食う気になった魚が上に上がってきた時に、そこで待つ釣りのほうが正解だとイメージしています。だから私は仕掛けにウキ止メを付けない釣り方ですけれど、それもサシエを深く入れるためではなくて、そこまでなるべくゆっくりエサを落としてやって、それで拾える魚を釣るという釣り方をイメージしているということなのです。

そのうえで、自分の基本的なアプローチは守りつつ、より深い場所をねらうことはもちろんあります。その時は何ｍというよりも、私の場合は時間で考えています。ウキが見えなくなってから30秒数えて回

収してエサが残るなら次は60秒数えるとか、そうやってとにかく時間で刻みながらグレの有無を確認していくという釣り方です。

深い場所を釣る時は、〝深い場所を釣らなければいけない〟と考えるといろいろなことがわからなくなります。それよりも〝時間をかければ食うグレがいるのか？あるいはいないのか？それがわかればいい〟と考えるほうがいいです。そういう意味で私は何mという深さはイメージしていません。たとえばウキが見えなくなってから60秒数えたとして、その時のサシエが実際に水深何mのところにあるのかは、その時々の潮の影響などもあるので実際はわからないからです。そして私の場合は深く釣ってみるという場合で、ウキが見えなくなってから１００秒くらいまでのカウントが上限になります。見切りもだいじですし、経験上、それ以上のカウントで釣れる場合は、グレでなくマダイやイサキなど魚が変わることが大半だからです。もちろん、それまでのカウントで他魚が釣れるなら、その段階でねらう場所を変えますし、そもそもグレという魚は、どんなに食いが渋いと思う時でも食う時は結構早いものです。

だからいずれにしてもよくないのは、渋い時にただドーンと深く沈めようとすることです。なぜかというと、グレの活性が低く渋い状況だから深く探る必要性が生じているわけで、その時にストンとサシエを落としてしまったら、仮にエサを食うグレがいたとしても、そのタナを早く通過してしまうからです。グレは上から落ちてくるものを食うだけで、自分のいるタナを通過したエサを下向きに追いかけて食うことはありません。だから深い場所を釣る必要がある時ほど、エサはあくまでゆっくり落としていく必要があります。とにかく焦らない。ドーンと深く入れようとしていいことはないというのが私の感覚です。

深ダナはどこまでねらいますか？ Q37

深ダナねらいは「深さ」ではなく「時間をかける」感覚が大切という田中さん

友松　サオ2本、10mくらいまででしょうね。それより深いタナにも仕掛けは入るんですよ。ウキを000(トリプルゼロ)号とかにすれば15mとか、ひょっとすると20mくらいは入るんですけども、それだとやはり精度が出せません。自分の中のイメージともずれますし、コマセとどう同調しているのかというイメージも掴めなくなるのでほぼやらないです。水中ドローンで見ていると、トリプルゼロで沈めていくと本当に仕掛けは入るんですよ。オモリなんか打っていなくても海底まで仕掛けが着きます。けれどもやはりそこまで行くとよくわからない(笑)あてずっぽうの釣りになってしまいます。

そのうえで深ダナを探る場合でも、釣り方の基本は変わりません。「潮の釣り」であれば00号のウキを使っていたものを000号に変更してより早く入る仕掛けにすることはありますが、釣り方は一緒です。また「石ころの釣り」だったら、なじんだらジワッと入るセッティングにしているわけですが、深く入れるためにオモリを足すかといったらそれはしない。早く沈めたくはないので、その代わりに時間をかけるようにします。1投あたりの時間をめっちゃかけますね。

南伊豆の中木で3月に釣りをした際、その時は全くエサ取りがいないという状況がありました。かなりの激渋でしたが、結果的には1日かけて5尾を釣り、40㎝オーバーが2尾であとは30㎝後半から40㎝くらいという感じだったのですが、タナは明確にサオ2本くらいだったんですよ。その時もジワッと入る仕掛けで釣っていたのですが、仕掛けがなじむまでの秒数がだいたい30秒、そこからさらに20秒たってやっとウキの頭が押さえられだすんですが、その時にハリからウキ止メまでの距離が5m強なんですけれど、なじんだだけなので実際はその時点でまだエサは5mも入っていないんです。で、そこからサオ2本の10mのタナまでサシエを持って行くのに5分くらいかかるんですよ。それで釣れました。

その時は同行者もいてほかにも実際にはいろいろな釣り方をしているので、グレのタナが深いことはわかっていました。浅ダナで食う状況では絶対にない。深いところでぽろぽろと釣れてはいるからタナは深いなというのはわかるんです。でも、だからといってオモリを足して手っ取り早く深いところに持っていくとやっぱり食わない。それで

渋い時ほど時間をかける意識は友松さんも共通する

とにかく遅くゆっくり、より長い間サシエを見せる状態を作ることを考えて、なじませて沈めて最終的にサオ2本まで入れるんだけれども、その速度をいかに落とすかというところで仕掛けを調整すると結果が出た。最近の釣りの中でも特に楽しいものの1つでしたね。

Q38 浅ダナにグレが見えている時の釣り方はありますか？

田中

私はグレが浅いところに見えているからといってウキ下を調整することはありません。すぐに食うならそれでいいんですが、実際にはちょっと待たなければいけない。その時にウキ下を浅くすると流れや風があった時にウキやミチイトがすぐに動いてしまうからです。だからタナを合わせすぎない。それで食うなら効率は確かにいいんだけれども、基本の釣りをしているならそうはしないという部分を重視しています。また、魚があるタナに見えたとして、そのタナにエサをとどめていなければ食わないかといったらそんなこともありません。そこで特別なことをしようとすると、逆に間違ったことをしてしまうことがあると思っています。それであれば一歩引いて釣ってみるとか他にできることをします。浅ダナの釣りだからといってサシエと魚を見ようとする必要もなく、あくまでいつもどおり仕掛けをなじませていく釣り方を優先します。ただ、たとえば棒ウキのわずかな傾きで合わせる、あるいは仕掛けはなるべく張っておいてウキの下のストッパーの動きだけで合わせるといった釣り方については、近場を釣ることが前提になりますが準備はしています。

友松

私は積極的にウキストッパーの位置を変えることがあります。それをするのは、私の中でいうところの「コッパ釣り」を意識的にしている時です。仕掛けがなじむまでに出るアタリに集中することを前提とした釣りですね。ある程度数を釣る中で少しでもサイズアップをねらう意味もあれば、試合でとにかく1尾を釣りたいという状況で手返しよくその魚を掛け切ることをねらう時にもやる釣りです。そういう時はストッパーの位置を積極的に調整します。その時は浅ダナで魚がエサを食っている頂点にサシエを持って行くようにストッパーの位置、さらにはウキ止メの位置をしっかり合わせます。この時はハリスがなじんでサシエがウキにぶら下がるまでの間にアタリが出るウキ下を探すことに集中します。それ以上は釣らずサシエがぶら下がったら回収してすぐにまた最初から釣り直します。

Q39 アタリは何で取ることが多いですか？

田中

自分の釣りの3段階に即していうと、仕掛けが沈むまでは主にウキの動き、沈んでからまだウキが見えている間はウキの沈下スピードの変化、そしてウキが見えなくなったあとはラインの動きということになりますが、実際にはウキの動きでアタリを察知している段階であっても、最終的にはラインの動きまでを確認してアワセを行っていますので、そういう意味ではいつでもラインの動きでアタリを取っています。念のため、この場合のラインの動きというのは視覚的な変化のことで、いわゆるライン引きアタリのことではありません。「しの字」を作った状態で釣りをしていて、その変化でアタリを察知するという意味です。指の感触でアタリを取ろうとすることは、ラインの張り過ぎに繋がるので私はしません。また、サオ先でアタリを取ろうとすることも、同じようにその段階でミチイトを引っ張る結果になるので私はしません。

「しの字」の変化でアタリを取るコツですが、まずは焦らないこと。ちょっとアタリかな?という変化があったら、そこでラインを送り出すのを一度待ってやります。ただしそこからグーッとサオ先に重みが乗ってしまったらグレがエサを放してしまうので、「しの字」からカタカナの「ノ」になるまでが勝負になります。それ以上ビンとなってしまうとエサを吐き出す可能性が出てきます。まぁそれが合わせるタイミングでもあるんですけれども。

波の動きでその変化がよくわからないという人は、「し」の範囲が小さいから波の動きに飲まれてしまってわからなくなる。だから風がなければサオを立てて、サオ１本分の「し」を作ればいい。「しの字」は大きく作れるならそれで問題ありません。逆にサオ先を下げた位置で無理に待とうとして、小さな「し」にこだわると波でわからなくなります。だから大きい「し」を作ればいいし、それによってラインの送り出しもしやすくなり、アタリを確認するために「し」が「ノ」になりそうなところまで下げていく余裕も作れます。アユの友釣りをやっている人ならゼロテンションと一緒ですよ(笑)「し」の字のオバセを作って泳ぐオトリに追従していって、

アタリは何で取ることが多いですか？ 39

それがフーッと「ノ」になったら合わせる。いずれにしても、私の言う「し」はおそらく多くの人がイメージするよりも大きく作っています。風がない時ならサオ1本分使いますね。あとは風が真正面や真後ろからであれば「し」の字はサオの真下になりますが、風があっても斜めからならそれに合わせた「し」を作れば問題ありません。上から見たら「つ」の字になる感じです。いずれにしても短い「し」はすぐに突っ張ってしまうので、5m30㎝のサオの長さを最大限に利用した「し」をそのつど作って動きを調整するという考え方です。そして私は飲ませてOKの釣りなので、アタリがあったからといって瞬時に合わせる必要がない。アタリかなと思ったら「し」から「ノ」に伸びて行こうとするラインの動きにサオ先を追従させていって、その変化から「これはアタリだな」と思ったら合わせればいい。魚の場合、ラインが少し動き出して、アタリかもしれないと思ったら少し止めてやるとそこで「ノ」になっていき、テンションが掛からないようにサオ先を追従させていったところでそのまま「やっぱり魚だ」と確認できます。だいじなのはその〝間（ま）〟を作れること。そのコントロールをするには、「し」の字にはある程度の大きさが必要になります。

張らず緩めずの「しの字」を作ることが田中さんのなじませる釣りの根幹

アタリは何で取ることが多いですか？ 39

友松

「潮の釣り」の時はラインに触れている指です。「石ころの釣り」だとウキが見える時は当然ウキ、それから浅ダナであればストッパーの動きになります。仕掛けがなじんでウキが沈みだしてからもストッパーの動きは目で追いますが、それには限界があるので、ウキが見えている時は基本的にウキ。そこからウキが見えないところまで行ってしまったら「石ころの釣り」でもラインか指です。

「潮の釣り」の時の指というのは、指の腹で感じているイトの重みのことになります。イトがバラバラッと出ていく段階のことではなく、その手前のイトの重みを指の腹で感じている時のことです。前提としてミチイトはＰＥラインでやはり「しの字」にしていて、それが伸び出す時にはもう指に変化を感じています。「しの字」というのは、いってみればビンビンにはイトを張ってはいない状態ですよね。その「し」の字が魚が食うことでまっすぐになれば、当然目でもそれがアタリだとわかりますが、ただ、そうなる前の段階のイトの張り戻しをしている時点で、ミチイトに感じるテンションを指で聞いていると、やっぱり〝コリコリ〟とか〝コツン〟という、そういう感触がわかります。張り戻し自体がアタリを聞く操作になっていて、今ちょっと張った、そうしたらカリッと感じたから戻した、その時の重みの感触で「当たっているな」というのを察知します。で、そこで即アワセをするのか、1回待つのかというのはその時の状況によって選択します。そういうアタリの感触は指に来ても穂先までは来ません。ただし、放っておけばそのまま穂先まで来る時ももちろんあります。

なお、この時にリールのベールアームはこまめに開閉しています。しょっちゅうカチャカチャ操作している(笑) 私は基本的には中指の腹の上にラインを乗せてアタリを待ちますが、ラインスラックが出来てたるんできたらベールを戻して巻いてまた開けてっていうことを常時しています。潮があまり流れていない、あるいは当て潮の時ならなおさらそうですね。潮が流れていく時だったらオープンベールにしっぱなしで充分なので、それは非常に釣りやすい状況です。

そのほかに少し面白いケースとしては、ミチイトがＰＥラインだと風が強い時に穂先を海中に突っ込んで沈めて釣ることができます。ただ、その時は指だとやはりアタリが取りにくいのです。全く何も感じ

アタリは何で取ることが多いですか？ Q39

取れないというわけではないのですが、やはり相当わかりにくくなる。その時は「しの字」も作れません。ではどうしているかというと、まずリールはオープンベールの状態で、スプールのラインには指を乗せておきます。そしてスプールから出て最初のガイドに通るまでの間のミチイト部分にわざとたるみを作っておき、その動きを目で見ています。すると潮でラインが引き出されていったら、その部分がまっすぐになるじゃないですか。そうしたらスプールから同じ量のラインをまた自分で出して同じたるみを作ります。で、そこが張ったらまたラインを出す。それを繰り返して、だいたい同じサイクルでスプールから出したミチイトがまっすぐになるはずなのに、違うサイクルで〝ヒューッ〟と伸びたら「あっ、これはアタリだな」と感知するのです。強風や横風で穂先を海中に突っ込みっぱなしにする時の方法ですね。かなり条件が悪い時の釣り方です。でも条件が最悪の時にはそれもやらざるを得ない。本来であれば、先は沈めて手前は浮かせてという状態がラインでアタリを取るのには一番いいわけですが、爆風の時はそれをやろうとしも無理なので、ではどうしたらいいかと考えてやるようになった方法です。

PEラインをミチイトにする友松さんは、指の腹に伝わる感触で積極的にアタリをとらえる

積極的にアタリを取りにいく釣りは時
間が限られるトーナメントでも有効だ

Q40 エサが全く取られない時はどんな可能性を考えますか？

田中　グレの活性が低い。そうなればゆっくり時間をかけるスローな釣りを展開していくわけですけれど、あとはねらいどころが悪い可能性があります。その時は潮がないところをねらっていたのなら、潮の動きがあるところをねらう。沖をねらっていたのなら、根周りをねらう。深いところだったら浅いところ。いずれにしても正反対のところ、その逆をねらうというのが1つの方法です。何かをちょっとずらしたというのではなかなかヒントがわかりません。そこはだいじです。

友松　渋い時期であればグレの食うタナを通過している。寒の時期で本当に渋い条件になってくると一定のタナにしかグレが出てきたがりません。そういう時にエサが丸残りするなら、やはりタナを通過している可能性が高いと思います。その場合はもっとゆっくり、より長い時間サシエを見せる釣りを考えるのが基本になります。

エサが取られているのに全くアタリがない時はどう考えますか？

田中　エサ取りの可能性が高いです。グレは必ずアタリが出る。ストッパーが動いたり、ウキがちょっと動いたり、ラインが動いたり、仮にアタリまで行かなくてもグレなら何らかの前触れが必ずあるものです。グレなんだけれどもその先がないというなら仕掛けの状態がよくないだけ。対してエサ取りの場合はアタリがまず取れません。そこは私の中でも本命なのかエサ取りなのかの判断基準の１つです。グレなのかエサ取りなのかは明確にしないといけません。ハリを色付きにしてみて噛み跡を見るとか、エサを変えてみるとか、いずれにしても「グレじゃなかったね」という確認をすることは必要になります。

友松　グレが食っているのかエサ取りなのかがまず問題です。グレが食っているかもしれないんだったら、同じ釣りを続けたうえで、たとえばハリを小さくするとかサシエを剥いてみるとかで対処する。エサ取りだったら同じ釣り方を続けることに意味がないので、コマセワークを変えたり、サシエを変えたり、サシエが少しでも残るところを探します。

グレは必ず何かしらのアタリが出る。そこを迷わないことは大切という田中さん

Q42 ウキが押さえられるのに食い込まない時は何が起きていますか？

田中　ウキの抵抗を嫌がっているか、ミチイトの抵抗を嫌がっています。魚って実際はハリスがなじむまでの間にエサを食っているんですよ。ハリスが張ったあとに食うということはほとんどありません。そして食ってすぐというのは、ハリスにまだ遊びがある状態なので違和感をあまり覚えない。でもその遊びが解消されて突っ張った時にウキなりミチイトなりが沈もうとするから抵抗を感じて吐き出します。

そのうえでウキというのは仮に浮力が3Bだったとしても、実際は浮力調整のオモリも3Bを打って使うので基本的には浮力がゼロの状態です。だから一度水中になじんだものはそんなにすぐには浮き上がりません。ですので、私の理解では、ウキが押さえられているのに食い込まない状態というのは、実際には魚がすでに違和感を覚えてサシエを吐き出してしまっているんだけれども、ウキはその場にしばらくとどまろうとするので、釣り人からするとまるで食い込まないように見えるというケースが多いと思っています。それとは別に、ウキがある程度グーッと入ったあとにそこで止まるということもありますが、それは仕掛けが伸びればミチイトも引っ張るから、今度はミチイトの抵抗で同じことが起きている状態です。

これは余談ですが、釣りをしていてウキが全く見えない状態になってからというのは、強いライン引きのアタリがいきなり出ることがよくありますよね。それまでさんざん渋い状況だったのに、なんでいきなりこんなに強いアタリが出るのかっていう時です。あれって正解なのかわからないですけれど、私の理解では、ウキもなじんで仕掛けもなじんだ状態というのは、グレからしてみると〝重さ〟はあるんだけれども、一方で自分にとって一番嫌な途中での抵抗の変化やそれにともなう違和感を覚えにくい状態だからではないかと思っています。つまりグレにしてみると、初めに軽いと思ったものがやっぱり重たいという、変化をともなう違和感は非常に嫌なんだけれども、ウキも仕掛けもすでになじんで最初から重い状態だった時には、「ん、何か重いな。

ウキが押さえられるのに食い込まない時は何が起きていますか？

でもこれが普通なのか？」という感じで（笑）、くわえたエサも意外と放さない。そのままの状態をしばらく維持する。それで大きく移動した時になって「あっ、やっぱり異物だったんだ！」と驚いて突っ走る。だからいきなり大きいアタリが出るのではないかと思っています。いずれにしても、グレがより警戒するのは違和感、途中で重さが変わる「差」なんだと思うんですよね。

浅ダナほど食い渋りが起きるというのもそれが要因ではないかと思っています。軽いと思ったものが途中で重くなるのが嫌。だから短いウキ下で浅いタナを釣ると、ストッパーがビュッと動くけれども、ウキが動きそうなところで止まるということが起きる。あれがまさに変化による違和感を嫌がっている状態です。ミチイトが風で張った時のテンションの変化も仕掛けが浅ダナにある時のほうが生じやすい。私の釣りが、タナが浅くなってもウキ下5ｍのハリスのままで短くしないのは、その5ｍの間にある遊びでグレに嫌がらせたくない、サシエを食ったらそのまま違和感を覚えずに、何ならコマセの中にあるほかのエサも食べ続けながらサシエを飲み込んでくれる状態まで持って行かせて、それであとから重さが掛かったところでグレが気付いてペッと吐き出そうとしてももう吐き出せない。そういう状態にできればよしという考え方があるからなのです。

友松　グレがエサをはたいている時ですよね。サシエが上から落ちてきて、グレがそのサシエに対して出てきているんだけれども、はたくような食い方をしている。ゆっくりパクッと食っていなくて、食った瞬間にもう放すような動きをすることがあります。他の魚であっても水槽とかで動きを見ていたらイメージできると思うのですが、エサにタッチした瞬間にはもう反転して吐いているということがある。グレがそういう動きをする時にはウキがツンと動きます。たとえばコッパオナガとかに多いですね。ただそういう時は、魚の活性自体は悪くはないです。

Q43 ハリがすっぽ抜ける時の原因は何でしょうか？

田中

アワセが早い場合とハリが小さい場合の2つがあると思います。グレが小さくてもサシエを飲み込んでいれば喉にハリが掛かります。その時はハリの大きさは関係ないので単純にアワセのタイミングが早いということで、逆にハリを大きくすると食いが悪くなってしまいますから、「あと10秒待とう」といった対応をします。もう1つは、たとえばエサに対してハリが小さすぎる場合です。生のオキアミは別ですが、硬くて大きいエサに対して使っているハリが小さい場合は、グレは歯がなくエサを吸い込んでゴニョゴニョと喉でエサを食う魚なので、ハリがまだエサの中にあるとすっぽ抜ける場合があります。その時はハリのサイズを大きくする必要がある。ただ、生のオキアミの場合は身が軟らかいので、ハリの大きさは関係ありません。ハリが小さくても合わせればオキアミの身が切れてハリ掛かりします。ですので、問題はそれ以外の硬いエサの場合になります。

友松 オナガとかイスズミとか口が硬い系統の魚は、硬いところにハリ先が乗ると貫通しない時があって、その時はやはりハリ外れが起きます。クチブトは口が硬い魚ではないんですが、唇のあたりは一部がちょっと硬いんですよ。そこにハリ先が当たって貫通していない時というのは、クチブトでもやはりハリ外れが起きる可能性が高いと思います。ただ、厳密にいえば、ハリが外れた時というのはその一連の出来事を実際に目で見られていないのであくまで想像です。とはいえ、ハリが小さいほどハリ先が乗っているだけの状態になりやすいので、ハリが小さいことが原因で奥まで刺さっていないということはあると思います。なので小バリは確かに食いがよくなりますが、一方でハリ外れのリスクはある。ただ、そこについて釣り人側が何かをコントロールできるものではないとも思います。

Q44 ハリの刺さり方から得ている情報はありますか？

田中　私はハリが飲まれて正解なので、たとえば、口先に掛けようといったことは全く考えません。同時にハリが口の上に掛かっているか下に掛かっているかというのも、それはその人の釣り方によるものなので、私の場合は気にしていません。

友松　アタリがあってからかなり長く待っているのに唇の皮1枚に掛かる時は食いが悪いなと思いますし、すごく待ったあとに飲んでいれば逆に活性が高いなと思います。またカンヌキに掛かっている時は、魚がしっかり走ってから掛かっているのでよい状態に仕掛けを張れている証拠です。いずれにしてもそれらの結果だけで釣りを変えることはなく、ただし即アワセをしたほうが乗る日とそうでない日とがあるので、ハリの刺さり方も参考にはします。あとは下唇に掛かる時はタナが深すぎるというのはそのとおりだと思います。

Q45 クチブトとオナガ、両方釣れる場合にハリは変えますか？

田中　両方が釣れるならハリはクチブトに合わせます。オナガも釣れるからといって、クチブトの釣り場でハリをオナガに合わせることはまずありません。ハリに限らず、クチブトの釣り場なのであれば、オナガが少し釣れるからといって何かを変えるのは逆効果のほうが多い。仕掛けや釣り方の基本はなるべくぶらさないほうがいいと思います。

友松　行く場所にもよりますが、伊豆半島周りならやはりクチブトに合わせますね。仮に今日はオナガねらいで行くと言っても、オナガってそんなに数が釣れるものではありません。ですので、ハリを変えるというよりは、掛かってからのやり取りを変えます。オナガであれば、やはり食わせたあとのやり取りでイトをより積極的に出すことを考えます。クチブトほどは根の中に潜ろうとする魚ではないからです。

Q46 釣れない時によくやる調整、やらない調整はありますか？

田中　よくやるのはハリスを細くするかハリを小さくすることです。特にハリが最も嫌がるのはなじむスピードが速いことだと思います。グレから5mまでの間が重要だと思っているので、先にやるのはハリスを細くするほうです。ハリはサイズを変えてもいうほど沈むスピードは変わりません。あとはウキにアタリが出るのに食い込まないならウキも小さくしますが、アタリが出ないけれどもサシエがグチャグチャでグレっぽいと思った時はハリスやハリでの調整をまず考えます。

友松　よくやる調整はハリを小さくすることです。実際はケースバイケースで基本的には落としたくないのですが、ハリを小さくすることでグレの食いは明らかによくなります。逆にやらない調整は「潮の釣り」をしている時に釣れないからといってウキを小さくすることです。

Q47 ハリスを張る、フリーにする、どちらがよく釣れるでしょうか？

田中　それはフリーだと思います。繰り返しになりますが、私の釣りはサシエを飲ませることを前提としています。仕掛けをなじませるために全体として張らず緩めずにはしますが、ハリス部分に関しては間違いなくフリーのほうが釣れると思います。

友松　まぁ張るでしょうね。私の中ではその感覚がビンビンに張るという時も場合によってはありますし、ビンビンが悪いこともちろんあります。それはケースバイケースですが、いずれにしてもアタリを感じられる状態にするということで、ハリス部分についてもそのままほったらかしにするよりは、張りを入れてあげたほうがいい。食いがいいというのではなくて「食う」もしくは「釣れる」ですね。

Q48 湧きグレの釣り方はありますか？

田中　湧きグレの多くは表層にいるので、まずそれをねらいます。その際はドバンと仕掛けを入れると湧きグレが散るので、群れの進行方向に仕掛けを飛ばし、ゆっくり引っ張って来て群れの中に仕掛けを入れます。ただ、そこで止めておいてもアタリが出ません。湧きグレって動いていないので、仕掛けを動かさないとアタリを感じられないからです。そこでリールのハンドルをゆっくり巻いて仕掛けを引いて、ちょっと吸い込んだタイミングで合わせるという釣り方になります。

ただ、実際にそれで釣れることもあるんですが、普通はほぼ食いません。ではどうするかというと、湧きグレって表層にいるように見えて、実はその下にもかなりの数がいます。そして下にいる魚のほうがエサを拾うことがあるのです。ただし、その時も特に湧きグレの場合は速い動きのエサを嫌がる傾向があります。そこで低活性のグレを釣る時と同じように、ハリスもハリも小さくして、エサを5ｍ、6ｍあたりになるべくゆっくり落としてやるイメージで釣ると、口を使ってくれることが多くなります。なんならウキの浮力も少し上げて、表層より下で長めにホバリングするようにして、その5ｍ、6ｍまでの間に、できるだけゆっくりなじませるイメージです。そうしていると、下にいるグレがグーッとエサを持って行くことがあります。湧きグレに出会うのは潮もあまりない緩い場所のことが多いですから、そうしたなじませ方もしやすいですよね。その時も仕掛けは湧きグレの群れの中にいきなり入れるのではなくて、まずその周辺に入れるようにして、湧きグレが来るのを期待して待っている間になじませていくという待ちの釣り方になります。

ですので、湧きグレを釣るという場合は、最初は仕掛けを投げて引っ張って群れの中に入れてゆっくり巻きながらアタリを取る釣り、それでダメなら湧きグレの周りに仕掛けを入れて、ゆっくりエサを落として時間をかけて待つ釣り、その2段階を試します。いずれにしても湧きグレを釣るならゆっくりとした釣りです。ちなみにそういう湧きグレがいる

湧きグレの釣り方はありますか？

状況の時は、周囲でグレを釣っていてもあまり釣れないことが多いです。魚が薄い状況が多いというか、高水温期であっても湧きグレがいるような場所ではそもそも釣り自体がスローになる場合が多いですね。

友松

湧きグレをねらうのであれば、リールを巻く釣りを浅いタナでやるか、もしくは極浅の場所にアタリウキを付けるかですね。というのも通常の仕掛けでただウキ下を短く詰めても、投入の時点で湧きグレ自体がビビッて逃げるか沈んでしまうからです。なのでハリとストッパーの間の距離は離しておいて、カヤウキみたいな小さなアタリウキをハリから50㎝くらいのところに付け、それを湧きグレのいる沖に投げておいて、そーっと巻いてきて群れの前のところにカヤウキを止めておいて、それでうまく群れに入ればすぐにアタリが出るという釣り方になります。ただし、実際には言うほど簡単ではないですね。個人的にはあまりやりたいグレ釣りではないので、湧きグレをねらうことはほとんどないです（笑）あとは湧きグレをねらうなら、コマセを撒くと群れが沈んでしまうので撒かないほうがいいですね。

群れ泳ぐ湧きグレ(手前)はねらい方にコツがある

潮が動かない時の対策はありますか？

田中　水温が高い時期なら遠投します。飛ばすほど魚はボンボン釣れると思います。で、寒の時期はそういう時のほうがむしろねらいめなので、とにかく時間をかけてゆっくり近いところ、ストラクチャーの周りなどを積極的に釣る。焦る必要は全くなくて、どんどん沈める必要もなく、仕掛けがなじんでいくスピードは一定にしたうえで、あとは時間イコール深さでとにかくじっくりなじませて釣ります。何なら置きザオにしてもいいくらいの気持ちを意識するとよいと思います。

友松　繊細に釣るしかないですね。潮が動かないというのは、それによって食いが渋いという状況を前提としていると思いますが、潮が動かないということは、風がビュービューに吹いていたらダメですけれど、より細かいことができるということなんですよ。だから仕掛けの張り加減だとかコマセとサシエをドンピシャに合わせるだとか、そういったことはよりシビアにできる。その釣りの精度を上げることですね。

Q50 二枚潮の釣り方を教えてください

田中

まず考え方としては、コマセも二枚潮の影響を受けていますから、仕掛けを無理やり沈める必要というのはありません。コマセもそれで割れていますから、二枚潮に任せて流して沈めていって、どこかでなじんでいればグレもそれで食います。ただ、二枚潮に風の影響が加わって、ミチイトが引っ張られたりするとさらにレベルが上がって難しくなるわけですが、やみくもに沈めればいいというものではなくて、それによってコマセと離れてしまうのであれば、それが一番よくないので食いません。いずれにしても避けるべきは、二枚潮によってコマセはこっちにあるのに、仕掛けは違うところにあるという状態です。

たとえば二枚潮もいろいろあって、タテの二枚潮というのは表層と下の流れが違う。もうひとつよくあるのは、岬状の場所などで、沖は右方向に流れる、でも手前は引かれるのでそれとは逆の左方向に流れる、それで手前を釣って釣れない時は沖を釣る必要があるんだけれども、沖を遠投でねらうと手前のミチイトが取られるというヨコの二枚潮の状況です。多いのはヨコのほうで、その時は2段ウキとか棒ウキとか、それによってねらいたいほうの潮をできるだけしっかり受けてくれる仕掛けを使います。結局、手前のミチイトが引っ張られるということになのでやることは風対策と同じです。その時にオモリでウキを沈めようとすると、どうしても手前のほうに寄って来て手前の潮に乗ってしまうからよくないんですよね。逆にタテの二枚潮というのは潮なりになじませていけばそこまでコマセと離れるわけではないのであまり気にしなくても大丈夫です。

友松

まず1つはウキを沈めることでしょうね。ウキを沈めて二枚潮の下のサシエがある層の潮をしっかりとらえることを考える。もう1つはオモリの力を利用することを考えます。オモリでその滑ってしまう上の潮を突破することを考える。その2つをケースバイケースで組み合わせて答えを探します。

たとえば私のやる全遊動の沈める釣りは仕掛けを張らないとアタリが取れませんが、二枚潮になるとミチイトが上潮に取られてバーッと膨らんでしまいます。そうなるとアタリが非常に取りにくいですし、膨らむミチイトを修正しようとすると今度は仕掛けがマキエから離れていくのでやっぱり釣れません。そういう時にどうするかというと、たとえばウキ止メを付けた沈む設定の半遊動の仕掛けに変更します。そしてウキは上の潮を突破させて下の潮を掴ませたいので、仕掛けを投入したらミチイトは一切張らずにもうだるだるの状態で流して行きます。それによってまず仕掛けを沈めますが、仕掛けはプラス側の浮力が働く半遊動の仕掛けをオモリの力も使って沈めている状態なので、全遊動仕掛けの時と違ってミチイトがだるだるでも、ウキから下にはアタリを出すのに必要な張りが作れているんです。それでウキもしくはわかるならそのだるだるのラインでアタリを取るという釣り方がたとえばあります。あとはシンプルに５Ｂとか１号とか極めて重たいオモリを使う半遊動仕掛けで釣るというのも１つの手ですね。

二枚潮はサシエをねらいたい潮の中にいかにキープするかがカギ。二段ウキも有効な対策の1つになる

51 当て潮の釣り方を教えてください

田中

私は当て潮の釣りが意外に好きです。当て潮で釣りをする時のアドバイスはいくつかあります。まずは当て潮によって出来る〝壁〟を意識しておくこと。当ててくる潮があるということは、どこかにそれが跳ね返って沖からの当て潮とぶつかり、コマセがたまるようになっている場所があります。それを当て潮の壁とイメージしています。そのうえで、いきなり当て潮の壁をねらって釣れるならそれでいいんですが、実際はそうした場所は意外とエサ取りがたまっていたりします。また、当て潮の壁は吸い込み潮なので、仕掛けが深く入り過ぎやすい。そこでイメージとしてはまず沖にコマセを投げ、その中から残ったコマセが壁に入るようにして、そのあとに仕掛けも続いて入るような釣り方をします。

注意点としては、仕掛けが手前に寄ってくるというのは、実は釣りやすいんだけれども、ほとんどの場合は仕掛けの沈みがコマセより速

くなります。さらに放っておくとミチイトが先行しやすい。それで全体がぐちゃぐちゃになってしまったりする。そこで大切なのはミチイトの管理をしっかりすることです。具体的には「しの字」を作って、それがどんどん緩んでこないようにリールを巻いて「し」の字をキープします。あとは仕掛けが当て潮の壁に当たったところで沈んでいくので、それがコマセよりも速いようであれば、多少張り気味にして仕掛けを止めてやる操作も行ないます。それらを意識すると、当て潮は思っている以上に釣りやすいことがわかると思います。

友松　一番の基本はイトを巻き取りながら釣ることですよね。いずれにしても潮が自分から離れていく状況と比べると、完全な当て潮でなくても自分に近づいてくる方向の潮というのは釣りにくい。ただ、その時もどこかに潮が止まる場所、少しでも釣りやすい場所というのが必ず存在しています。そういう場所を見つけるには足を使うことも必要になります。

たとえばギザギザに入り組んだ地形の磯で釣りをしていたとして、

斜め沖から当ててくる潮があってものすごく釣りにくいとします。本当は潮下に向かってバーッと流して気持ちよく釣りをしたいけれども地形的にそれも難しい。そういう状況があった時に、その磯がギザギザとしているなら、たぶんギザギザとした地形のどこかには、沖から入ってきた潮が当たって跳ね返る場所が存在するんですよ。それがどこなのかっていうのを足も使って探すのです。

あるいは釣り座が岬状の先端部分で、その岬は海中にも根として続いている場所だとします。その時に沖の正面から潮が当てて来ているとすると、岬の地形なのでその沖からの潮はどこかで左右に分かれます。するとその中心線よりもちょっと左に投げた場合はサーッと左に、右に投げたらサーッと右に仕掛けが流されてしまい全く釣りにならないのですが、その中心線は岬にぶつかるまでまっすぐ分かれずに当てて来る潮なわけです。すると中心線の潮が岬から伸びる根にぶつかってスピードダウンしている場所が必ずあります。まずはそこを探してみます。そのうえで、あとはリールを巻く当て潮の釣り方をするわけですが、その時はどんどん出来るラインスラックの回収をしっかりやら

ないと、仮に手前のラインスラックが左側に行く潮に取られたり、あるいは右側に行く潮に取られたとたん、せっかくスローダウンする場所に入れた仕掛けもミチイトに引っ張り上げられてしまいます。だからそうならないようにリールもどんどん巻いてラインスラックをしっかり回収する必要があります。つまりひとくちに当て潮の釣りといっても、実際は地形と潮との関係も意識したうえで、場所や釣り方を調整する必要があるということです。

当て潮はリールを巻きながら釣るが、跳ね返る潮の存在や壁を頭に入れておくとさらに攻略の手口が広がる

Q52 横並びで自分の釣り座が潮上の時はどうしますか？

田中

僕はもう遠投です。横並びで潮上の釣り座が釣りにくいことが多いというのは、私の中では自分が流して行く仕掛けがすぐに潮下の釣り人との境界まで行ってしまって、仕掛けを回収しないといけないからです。逆に潮下が釣りやすいのはずっと仕掛けを流せるからです。そして潮の流れが速ければ速いほど、仕掛けをなじませるのに時間が掛かりますし、オモリを使ってただ早く沈めてもコマセと離れてしまう。そうなるとグレ釣りにおいて大切なのはあくまでも仕掛けをなじませることなので、やはり潮上の釣り座は何かと釣りにくいということになります。

ただ、もしそうであれば、極端な話として50m潮上に仕掛けを遠投します。それによって潮上側で仕掛けがなじむ時間を充分に取って、自分の正面に来た時に食わせのタイミングがしっかり作れるようにします。よく言われる潮下のほうにコマセが利くから釣れなくなるとかではなくて、それよりも自分が魚を出したい場所で仕掛けとコマセがスムーズに合わせられれば釣れる。それがやりやすいかやりにくいかの問題だと思っています。ですので、潮上側に仕掛けを飛ばすことができるのであればそれで対処します。あとは遠くの仕掛けが徐々に自分の前に来るという状況になるので、釣り方は当て潮の時と一緒と考えます。

友松

堤防の釣り場などで他の釣り人と横並びになった時に、潮下のほうの人にばかり魚が集まり、潮上の人が不利になることは実際にあります。その時はやはり潮下の人のマキエワークに対応する必要があります。たとえば各々の釣り人がコマセを打っているわけじゃないですか。それで潮下の人がコマセを打ってそこにグレが湧いたとします。その時はすかさず自分のところにもコマセを打ちます。ただ見ているのは絶対にダメです。それによって潮下の人のところに湧いたグレの一部でも潮上に来るようにします。次に潮下の人が仕掛けを入れてまたコマ

Q52 横並びで自分の釣り座が潮上の時はどうしますか？

セを撒くじゃないですか。そしたらその瞬間に自分も潮上側でまたコマセを打つ。そうすると確率的には2分の1ですけど、潮下にグレが移動しない時があるんですよ。それはグレが見えていれば目でわかりますが、見えていない時でもわかることがあります。オセンがいる時です。オセンとグレは仲がよくてオセンがいるところにはグレがいます。だから堤防で釣りをしていてオセンがいる場合は、とにかくオセンを自分の前に集めます。その時は今のやり方で潮下の人のところに湧いたオセンを自分の前に全部集めるのです。「潮下にはいっさいオセンを行かせない」というつもりで、潮下の人がコマセを打ったら必ず自分も打つ。自分が仕掛けを入れていない時でも必ず打ちます。これはものすごく有効です。そこで潮上だからと諦めてしまうとダメです。

堤防の本当の先端部分というのはポイントとして別格ですが、基本的には平坦な人工物なのでその他の釣り座は条件的にそこまで変わりません。だから釣り人が3人いたとして3ヵ所に分かれて釣りをしていれば同じように釣れるはずなんですけどそうはならない。だいたいは潮下の人のところの1ヵ所にグレが湧きます。自分がその釣り座で

潮上で釣る際のコツは堤防釣りでも有効だ

ない場合は最悪なわけですが、その群れはやはり多少なりとも動かせるのです。これはトーナメントの時も同じです。釣った人はやり取りがあるのですぐにはコマセを入れられません。そうであれば、その瞬間にこの1個の群れをちょっとでもいいから自分のいる潮上に動かすということをねらってやる。特にコッパグレねらいの釣りでは有効な方法です。

Q53 遠投釣りという場合、どれくらい先をねらっていますか？

田中　私の遠投釣りはマックスで50ｍくらいです。遠投釣りは仕掛けが飛ばせればそれでいいというものではなくて、コマセもそこに届いて初めて成立します。いろいろな人を見てきましたが、やはりそのどちらも可能な上限が50ｍくらいだと思います。チヌ釣りでやっと60ｍかな。あとは追い風だったり向かい風だったりで距離は変わりますが、余計な風がない若干のフォローで50ｍがやっとでしょう。コマセ以上に飛ぶ仕掛けも必要ないので、そこのバランスがだいじです。

友松　今は腕を痛めてしまっているので、自分の場合は30ｍくらいです。そのあたりまでではないと精度が出ないですし、1日投げていられません。ただ、腕の状態がよければ50ｍくらいまではできます。仕掛けを飛ばすだけならそれ以上も飛ばせますが、コマセが合わせられなくなるので意味がないですね。

54 遠投釣りはなぜ釣れるのでしょうか？

田中　沖は違和感や警戒心を持たずに素直に食う魚が多く、なおかつ小さいエサ取りが出ないからです。そのうえで遠投釣りになると思い切りコマセを飛ばしがちですが、仕掛けより沖にコマセを入れても何にもなりません。あとはピンポン玉よりゴルフボールのほうが飛ぶように、遠投用のコマセなら配合エサも重いタイプを多少入れる必要があります。

友松　沖のほうが魚の数も多く、パクパクとエサを食っている魚もいっぱいおり、さらに警戒心も薄いからです。大切なのはやはりコマセとサシエをしっかり合わせること。遠いほどそこが難しくなります。あとはコマセをいっぱい撒く。磯際ならそこにある岩場の魚をねらうので、もしその岩場にグレが10尾いるなら釣れる魚の数は最大で10尾です。でも沖は四方八方から魚が集まってくる。単純に分母が違います。だからコマセもとにかくいっぱい撒いて、いっぱい魚を寄せて、より同調を作るほうが釣れます。

Q55 遠投釣り用のヒシャクはどういうものを選びますか?

田中

基本的にはシャフトが長くカップが大きいものがコマセを遠くに飛ばせます。ただ、その人に合ったベストの長さとカップの大きさがあるので、それを見つけることがだいじです。もう1つはその人に合ったシャフトの硬さですね。それらは時間とお金をかけて見つける必要があります。シャフトは理屈でいえば硬いものがいいんですよ。なぜならカップの中に圧縮してコマセを詰めれば詰めるほど、コマセが重くばらけにくくなって飛びやすいからです。この時にシャフトが軟らかいと力が抜けて圧縮しにくい。ただ、その人に合っていない硬さのシャフトを使うと、今度は手首を痛めてしまいます。あとはたとえば身体があまり大きくない人が無理に長いヒシャクを使ってもコマセをすくいにくいですし、圧縮もしにくいし、投げる時の振り抜きも悪くなります。それでは逆に飛ばせなくなるので、自分の身長や筋力に合ったヒシャクを選ぶのもだいじになります。だから本当にいろいろなものを使ってみるほうがいいです。そのうえで、私に合うのはシャフトの長さが75㎝でカップがMサイズのものになります。80㎝のものを使う時もあるのですが、その時はシャフトがもう少し軟らかいものにしています。

友松

私の場合はヌカパンをコマセに使うので、ヒシャク選びもまずその要素が関わってきます。配合エサとヌカパンはエサの性質が大きく違います。簡単にいえば配合エサは重いけれどもヌカパンは軽い。そこは大前提として理解しておくことが必要です。

配合エサの場合は、粒子を潰して餅みたいな状態にして、その餅を比重も利用して投げることができます。だから人によっては練り込むし、そのほうが飛ぶコマセになります。一方のヌカパンはふわっとしているので、遠投したい時はそれをキュッとまとめることが大切。そのキュッとできる〝成りしろ〟が必要で、キュッとさせたものを遠投します。この時にヌカパンなのにギューギューと潰してしまうことは本末転倒で、配合エサのよう圧縮して空気を抜くという作業は絶対にしません。それではヌカパンの意味がなくなってしまいます。また、仮にそうしてもヌカパンの場合は配合エサのようには飛ぶエサにはなりません。

そのうえでヌカパンのコマセは軽いので、投入に際してはしっかり振り抜かないと遠投ができません。そこが配合エサと大きく違います。たとえば配合エサがコマセの場合は重さがあるのでシャフトが長くてもよくしならせることができます。そのしなった力でポーンと軽く投げても飛ぶ。しかしヌカパンの場合は、比重が軽いから速いスイングスピードで投げてやらないとやはり飛びにくい。ポーンと投げただけだと30mくらいまではなんとか飛ぶのですが、さらに40mとか50mまで飛距離を伸ばそうとすると、スイングスピードをもっと上げてやらないといけません。そうなると長いシャフトでも速く振れる人はそれでいいのですが、相当なパワーが必要になります。私の場合はそれだと無理なので、シャフトの長さはだいたい70㎝前後にしています。それからカップの大きさもMサイズかSサイズで小さめにします。カップを大きくするとコマセが重くなる分、スイングスピードが上げられ

ヒシャクは自分に合ったものを探す。長ければ遠投できるという単純なものではない

なくなるからです。つまり振り抜かなければ飛ばないヌカパンには、あまり大きいカップは向いていません。いずれにしても今は腕を痛めていて、その条件でも使いやすい遠投用のヒシャクが欲しいと思っているところなので鋭意開発中です。

Q56 遠投釣りでアタリの取り方はどうしていますか？

田中　遠投になるとウキはほぼ見えません。するとラインの動きしかないので、やはり「しの字」をしっかり作ります。その時の基本はいつでも一緒です（**Q39**）。

遠投釣りに慣れていない人は、魚が釣れないと「エサだけが取られているのではないか？」「自分がアタリを取れていないだけではないか？」と不安になりがちです。するとどこかでラインを余計に張ってアタリを聞きたくなってしまいますが、それだとますます釣れなくなります。でも遠投の釣りでも同じように「しの字」を作って待っていれば、グレが食ってくればアタリは必ずわかります。だから「しの字を作ってしっかり待とう」と思えることがまず大切です。

ミチイトというは、私たちが想像している以上に仕掛けを引っ張っています。一度試してもらうといいですが、自分に近いところで仕掛けをなじませて、ウキが沈んでいったところで適当な「しの字」を作ってみてください。すると仕掛けの沈下が止まってしまいます。それをそのままにしておくと「し」が「ノ」になって仕掛けが手前に寄ってきます。それを見たら「ミチイトってこんなに悪さをしているのか」とわかります。いずれにしても、ミチイトというのは自分が思っている以上に仕掛けを引っ張ってしまうものなのです。それを目で見て理解して、遠投の釣りの時も常にスムーズに仕掛けをなじませていくことをイメージしながら「しの字」をコントロールします。そうすればグレなら絶対にアタリが取れるようになります。

もし仕掛けを投入した時点ではちゃんとエサが残っていた、そして仕掛けを回収する時もなるべくゆっくり巻いてエサが取れないように気を遣っていた、それで「しの字」もちゃんと作っていて、アタリが全くないのにエサが付いていないというなら、それはほぼエサ取りだと思って大丈夫です。そこでグレのアタリが取れていないのかもしれないと不安になる必要はありません。グレが食ってきた時には必ずアタリがわかります。

遠投釣りでアタリの取り方はどうしていますか？

友松

　私の「潮の釣り」では、ハリスを10m取っています。その中にウキがあって、ウキストッパーはだいたいハリから2～3ヒロの下から約4mの場所に付けるので、残りの6m分のハリスがウキの上にあります。そして、この上のハリスがウキの頭を押さえ込むことで仕掛けがなじむので、ミチイトも含めた〝沈みしろ〟を考えると、実際に釣りをする時はウキが自分から最低でも10～15mは離れている必要があります。つまり、ポイントが近すぎると釣りにくいのですが、遠投釣りになって離れる分にはむしろ問題ありません。

　そのうえで、アタリをどう取っているかという部分ですが、いわゆるライン引きアタリが出て、放っておいてもバラバラッとイトが出て行くならそれが一番ラクで誰でも問題なく釣れます。ただ、それだと他の人と釣果が変わりません。そこで何をするのかというと、やはり張りを入れるという作業になります。この時の張りは、ハリス部分の張り（**Q22**）からもう一段階進んだ、ミチイトも含めた張りということになりますが、その張りの入れ方というのがまた難しく、仕掛けを引っ張って浮かせてしまったらもちろんダメなわけです。

感覚的な部分になりますが、海には波の上下があります。例を挙げると、その時に波が上がって来るタイミングでは、手前のミチイトがたるみすぎない程度に調整するつもりで、サオ先を持ち上げて「しの字」をキープします。そして、次に波が下がり仕掛けが張っていく方向の力が働く時に「ある程度張れている」状態にしていることが多いです。というのも、アタリが取りやすいのはやはり波が下がって行く時で、その時にミチイトを押さえている指の腹に感じるテンションで、波の重みなのか、あるいは魚の重みなのか、アタリを聞く感覚で釣りをしています。それは距離にかかわらずやる基本的な操作になり、遠投釣りであればむしろ仕掛けがしっかりなじむことでやりやすくなることもあります。

釣り場の水温は気にしますか？

田中　もちろん気にします。渋い時に回収したオキアミやハリが冷たかったりすれば、「あ、だから食わないんだな」といったことは日ごろから感じ取るようにしています。あとは水温については上がるか下がるかの2パターンがありますが、急激なものを含めて下がるというのはやはりよくないですね。水温が低下して食わないということは実際にあります。ただ、逆に上がり過ぎても食わないんですよ。グレなら水温20℃前後が最も活性が上がりますが、8月、9月、10月などに水温が20℃後半になるようだと高すぎで、グレもおそらく水温が少しでも低い深場でじっとするようになります。ちなみにそれくらいの高水温になるとエサ取りもいなくなります。

友松　特に冬場の水温は地周りの釣り場がいいのか沖の釣り場がいいのか

の目安になります。たとえば水温が15℃くらいで落ち着くと沖よりも地周りの釣り場がよくなりますね。そして水温が18℃から20℃くらいなら沖がよくなります。それはやはり魚の活性の問題です。沖に行くほどやはり潮が動くので、すると魚も寒い時は水温が安定した地周りに集まりやすいのでそこでのスローな釣りがよくなる。逆に水温が上がれば魚も沖に出るのでダイナミックな流す釣りがよくなります。ですので水温はまず釣り場選びの指標になります。

あとは急激な水温変化はやはりよくないです。水温が低くても安定していれば全く問題なくグレは食いますが、上がったとしても前日からいきなり上がったのでは食いが悪くなる。魚は変温動物なのでやはり急な温度変化は嫌がりますね。あとは地域の特性もあって、伊豆諸島なら水温が下がるほどいい。それはつまり黒潮の流路の問題ですが、伊豆諸島の釣りは黒潮の動向しだいというところがあります。伊豆諸島の水温をチェックしていて18℃以下になると「ああ行きたい！」と切実に思いますね(笑)

Q58

エサ取りが少ないときにコマセは減らしますか？

田中

私は減らさないですね。基本的にコマセは撒けば撒くだけ魚の活性が上がると思っていて、さらにエサ取りが少ない時というのは、グレの活性も低い状態が多くなりますから、その中でコマセをあえて減らすことはまずないです。コマセを撒きすぎるとグレが食わなくなるという意見もありますが、私は魚というのはそんなにお腹がいっぱいにはなることはないと思っています。というのも、見ているとわかりますが、お腹がパンパンでもフンを出しながら次のエサを食うくらいだからです。その中で、グレ釣りにおいてコマセというのはサシエを間違って食ってもらうためのカムフラージュの役割を担うものと考えているので、それを魚の活性に合わせて減らすということはほぼありません。ただ、逆に増やすということもないです。実際、渡船の迎えの時間だからと残っているコマセをたくさん撒いても、それで急にグレの活性が上がったり釣れたりすることはまずありません。やはり適正な量というのがあるのだと思います。

ただ、コマセは増やしもしないといいましたが、釣り始めに活性を上げるために、コマセを多めに撒くことはあります。私は普段が5杯なので、釣り始めはその倍の10杯にするとかですね。あとは遠投になるとコマセの精度が落ちるので、その時は精度を出せる近場よりも多めに撒いたりはします。ズレ幅が大きくなる分の保険という考え方です。

友松

私は間違いなく減らします。そういう時には余計なコマセを撒きません。逆にもしエサ取りがいるなら、その時はコマセをしっかり撒いたほうがいいですが、エサ取りがいない時にわざわざ余計なコマセを撒くことはポイントを潰してしまうと考えます。私はもともと関西の魚が少ないところで釣りをしていたので、そのあたりについては結構シビアに考えています。

私は冬場でも渡船の釣りだったらオキアミを少なくとも9kg、オキアミ板で3枚分を持って磯に上がります。実際のところ、それを全部

撒き切るということは少なくて、使い切らずに余ることも多いですが、冬場であってもエサ取りが多くいてコマセワークでそれをかわさなければいけない時はあり、その時にコマセが足りないという失敗は絶対にしたくないからです。それで一応は毎回余裕を持って9kg分のオキアミを持って行きますが、エサ取りがいない状況だというのであれば、いくらたくさんのエサを持って行った時でも余計なコマセは一切撒きません。

たとえば寒の時期の渋い状況の釣りでエサ取りがいないことがわかって、それまでは投入後に6杯のコマセを撒いて釣っていたとします。その時は、次から投入後のコマセをまず3杯に減らして、あとはもっと時間が経ってから、たとえば50秒後にもう3杯のコマセを撒くようにします。つまり同じ6杯でも間隔を分散させて1回あたりのコマセは減らします。エサ取りがいないのであれば、グレには余計なエサを与えないほうが絶対にいいからです。ちなみにグレの活性が本当に渋い状況での釣りなら、1投につきコマセは1杯だけということもやることがあります。それは魚がいることはもうわかっている、もうあと

渋い時ほど余計なコマセは絶対に撒かないという友松さん

一押しでグレが食うだろうという時です。そういう時も余計なコマセは一切与えず、魚をイライラさせたほうが絶対に食います。

Q 59

潮を見たり、潮目を見つけるコツを教えてください

田中　一番は見た目の変化ですよね。変化もいろいろあって、潮の流れであれば泡などの浮遊物の動きだったり、サラシの向きだったり、あとは小さい魚でも必ず潮上に頭を向けているので、その泳ぐ向きでも潮の流れがわかります。潮目なら一番多いパターンは海面のざわついているところとシーンとしているところの境目です。海っていろいろな顔があるんですよ。それは水温の差によるものだったり、重たい潮と軽い潮とがぶつかるところに生じる変化だったりしますが、まずは海をよく観察することですね。

友松　まずは海をよく見ることです。ウキばかりを見ないこと。広い視野で遠くまで海を見ます。伊豆半島で釣りをしている時も、私は自分の足もとやその沖だけでなく、それこそ伊豆大島との間の水道がどうな

っているかな?というくらいの距離感で広く海を見ています。それではるか沖の潮がどっちに流れているかなんていうことはわからないんですよ。でも、そうすることで沖に風が吹いているのかとか、いろいろな情報がやっぱり入ってきます。

そのうえで潮目は目で見てわかるところはだいたいわかります。けれども目で見てわからないところは、やはりウキを投げて、その仕掛けの入り方ですよね。仕掛けがサーッと流れていかない、仕掛けがすんなりなじむところ、そういう場所を探します。見た目で何かしらの変化があるところも含めて、何でもいいので1回仕掛けを入れてみる。それですんなりなじむのかどうかを見る。吸い込まれるところがあったり、止まるようなところがあればそれが潮目ですし、仕掛けを入れてみて「全然違うぞ」という時もあります。それらのポイントを見つけるのにも、広い視野で沖の潮まで見ていると、「たぶんここに変化が出るだろうな」というのが、なんとなくわかるようになってきます。

Q60 これはもう磯替えしたいと思うのはどんな時ですか？

田中　サメがいる時ですね。小さいグレを釣るというならなんとかなりますが、私はその場にいる大きいグレを釣りたいという前提で釣りをしているので、サメがいると技術に関係なく釣りにならないからです。逆にエサ取りが多い状況ですぐに諦めることはありません。それこそトーナメントであればそこで釣れれば勝てるわけですから、〝なんとか釣ってやろう〟と考えます（笑）

友松　磯替えをしたいと思うことはほとんどないですね。それでもあるとすれば、その時に自分の中で今日はこの釣りをしに行こうというテーマがあって、それが全くできない的外れな状況の時です。たとえ魚が釣れていたとしても、そうなると磯替えをしたいなと思います。ただそれも沖磯の釣りで磯替えが可能な場合で、地方寄りの磯ならそういう考えになることはほとんどないです。

Q61 逆光でウキが見えない時はどう釣りをしていますか？

田中　やはりラインでアタリを取りますが、その時も余計に仕掛けを張りがちになります。ウキが見えていない状況で、エサだけ取られた時には特にそうなりやすい。とにかく「しの字」をしっかり作ってそこを見る。それで本当に何もなくてエサだけがなくなるならそれはエサ取りなんだと判断して、それに対処する釣りをするだけです。

友松　ラインでアタリを取ります。グレは基本的に太平洋側で釣ることが多いですよね。だからだいたいは見えづらい。日が高くなったあとになって周囲が浅い根ばかりの場所だとわかって、「あれ、こんなところで釣りをしていたのか」とか「道理で根掛かりするわけだ」思うことはしょっちゅうありますよ（笑）いずれにしても〝ラインでアタリを取る〟ですね。

Q62 他魚が釣れることでヒントにすることはありますか？

田中　昔よくいわれていたのは、**イサキ**、**サンノジ（ニザダイ）**、**バリ（アイゴ）**が釣れたらタナがちょっと深すぎるというものですよね。ただ、最近はそれがそうでもない気がしています。ひとつ言えるのは、それらの魚が釣れる時は、仕掛けの沈むスピードが速いのかなということです。もっとスローにしたほうがいい。ついでに言えば、それらの魚が釣れる時は、コマセに仕掛けを入れるタイミングを変える。たとえばコマセを入れてから、ちょっと時間差で仕掛けを入れるとか、コマセに対して先に出てくる魚がバリとかイサキで、あとから出てくるのがグレなのかなという気はしています。あとはイサキは流れに付くからかわしづらいので、あえて流れのないところを釣ってみたり、あるいはコマセが利いているところよりもあえて潮上に仕掛けを入れてみるとかですね。バリはあまりかわしようがありません。ただ、沖に群れるような魚ではないので、バリが釣れるなら遠投に切り替える。あとはサンノジが釣れる時は間違いなく仕掛けが底のほうに行っています。だから深く釣っているつもりがないのにサンノジが釣れるという時は、そこが思っている以上に浅い場所の可能性が高く、ねらいどころが悪かったと考えたりします。

友松　**イサキ**は潮の中が好きですから、イサキがいくらでも釣れるという状況になってしまったら、やはり遠投してはダメですね。ただ、よく言われるようにイサキが釣れる時に仕掛けが入り過ぎかといえば、一概にそうとも言えないと思います。でも潮の中が好きなことは間違いない。ほかの魚であっても、その魚が磯際に多い魚なのか、潮の中が好きな魚なのか、深いところが好きな魚なのか、浅いところが好きな魚なのかというのが理解できていれば、あとはそれに対してグレがどうなのかを比較して、そこからかわし方を考えます。

Q63 強風時の対処法を教えてください

田中　まずは釣りやすい向かい風か追い風の場所を探す。強風でも正面からの風であれば仕掛けをなじませる邪魔にはならないので釣りはしやすいです。その時は無理に遠投せず、足もとにエサ取りがいるのであれば、そこにエサ取り用のコマセをたくさん打って、あとは届く範囲で別のところに薄くコマセを打って本命をねらいます。追い風も釣りには問題になりません。強風の横風になるとできることには限度がありますが、その時はいくら余計なものが付いていない仕掛けがいいといっても、やはり積極的にオモリを使う必要が出てきます。

友松　私はよくラインを沈めます。サオ先を海中に突っ込んでリールでイトを巻いて強制的に表面張力を切ってミチイトのＰＥラインやその先の仕掛けを沈めますね。その際の沈め方はラインの軌道をちゃんと確認しながら、単にだらだらとリールを巻いても沈まないので、瞬間的にイトが「ピッ、ピッ、ピッ」という動きになるようにしっかり抵抗を掛けて海中に引き込みます。それで多少なりとも仕掛けが動いてコマセからずれることはありますが、その幅を最小限にすることはできますし、それをやるのと何もしないのとでは天と地ほどの差があります。あとは強風でも追い風なら問題ないのですが、その時は表面が沖に向かって潮よりも速く滑るので、手もとのラインが一見するとパラパラとよさそうな感じで出て行く。でも実際はそんなに流れていないので釣りはやりにくくなります。あとは投入時にサシエが後ろに行かず、ウキの重みもサオに乗らないので非常に投げにくい。とはいえ追い風なら強風でも圧倒的に釣りはしやすいですね。正面からの強風も遠投はできなくなりますが真横からの風に比べたら釣りやすい。いずれにしても風が強いなら無理に釣る前に、少しでも釣りやすい状況を探して釣り座を変える発想が必要です。

Q64 ウネリが大きい時はどのように釣りをしますか？

田中　ウネリが大きくてもそれだけで釣りがしにくいということはありません。むしろ当て潮やサラシなどの変化が大きく出るので、私は釣りやすくなると思っています。ただ、仕掛けの上下の動きが大きくなるので、それこそ「しの字」をしっかり作っておかないと突っ張る状況になります。特に小さい「し」にしていると、上に上がった時は緩んで、大きく下がった時には突っ張って「アタリかな？」と思ってしまうような状態になりやすいですね。まずは大きめの「し」の字を作るといいと思います。いずれにしても仕掛けがなじんだ状態で大きく上下している分には、コマセも同じように動いているわけだから、それ自体は問題ないと考えます。

友松　まずはウキをしっかり入れることです。ウネリがある時にウキをプ

ウネリは必ずしも悪い要素ではないが仕掛けはしっかりなじませる必要がある

カプカと浮かべていると、たとえば2mのウネリだったら、サシエもウキに引っ張られて2m上下してしまうので、パン食い競争状態になってしまいグレも釣れません。だからそうならないようにウキを確実に沈めてサシエを安定させる。ウネリの影響が少ないところまでウキを沈めることがまずは欠かせませんね。

Q65 足場が非常に高い磯を釣るコツはありますか？

田中　ミチイトの操作がやはりキモですね。足場が高いとそれだけミチイトが風にあおられるので、たとえばオモリを打つべきなのか打たなくてもよい状況なのかを考えます。とにかく考えるべきことはミチイトの状態ですが、たとえば風の影響を抑えるためにはサオ先をなるべく下げたい。でも「しの字」は作りたいとなると、結構難しい場合はあります。また「しの字」を作ろうとしても、そもそも足場が高くその「しの字」の先が海面から浮いてしまう状態だとミチイトを引っ張ってしまいます。「しの字」の基本として、カーブした先はなるべくすぐに水面に付いていないといけません。そうでないとミチイトの自重で手前に寄って来てしまうからです。だから磯が高くてさらに風にあおられたりして物理的に「しの字」の先を水面に付けられない、それによってノーマルな仕掛けでは手前に寄って来てしまうという状況なら、オモリを打つなり仕掛けを変えて2段ウキにするな

足場の高い磯は仕掛けの状態は把握しやすいが、
ミチイトの管理はより求められる

りして、やはりその分を調整してやらなければいけないということになります。

友松

私は足場の高い磯が好きなのですが、とはいえ足場が高いことでそのままだとミチイトが風などに取られる、うまくなじませることができないという状況なら、サラシなどの使えるもの、他に自然界にある使えるものを利用しないとダメですね。たとえば手前のミチイトをサラシの強い流れに引っ掛けて沖に運んでもらい、それによって風がミチイトに悪さする分の影響を相殺してもらうといったことですね。それができないならオモリを使うといった対処になってきます。

Q66 足場が低い磯を釣るコツはありますか？

田中　ウキや仕掛けは見にくくはなりますが、風の影響は受けづらくなるのでメリットもあります。ですので、もし足場の低い磯に苦手意識があるというなら、ウキはアタリを取るものではなく、仕掛けを潮に乗せて流してコマセと同じ動きをさせられる道具と考えて釣りをするといった考え方をするといいかもしれません。ただ、タモ入れはちょっと難しくなります。サオの曲がり幅があるのでハリスが長いと魚が手前に来ても海面を割らないことがある。その時は少しでも高いところへ移動してからタモ入れすることを頭に入れておくとか、そうした調整をする必要はあります。

友松　フカセ釣りは確かにある程度高いところのほうが海のようすが見えるので絶対的に釣りがしやすいです。また遠投もしやすくなります。

低い磯はタモ入れが難しい場合がある

私も低い釣り座というのが嫌で、磯に上がったらまず高くて少しでも釣りやすいところを探します。もちろん、釣り場自体がなだらかで低いところしかないというなら仕方がないですが、まずは少しでも高いところを探すといいでしょう。トーナメントの試合でもそういうことは実際によくやります。

Q67 仕掛けを変える頻度や基準を教えてください

田中　私の釣りの中で仕掛けを変えるという選択はわりと最後のほうです。仕掛けを変えるよりは、まずその前にねらいどころを変えるようにします。ほとんどの場合はそれで対応します。そのうえで単体のウキというのはやはり風に弱い。オモリを打つことである程度の対処はできますが、食わない時は沈みすぎていたり、あるいは手前に寄り過ぎたりしていることが考えられます。それがどうしても解消できずに食っていないとなれば次は仕掛けを変えますが、自分の場合はそれが2段ウキだったたり棒ウキだったたり風に強いタイプの仕掛けになります。

友松　「潮の釣り」をしている時であれば、変えるきっかけというのは、基本的に00号のウキがパイロット仕掛けで、より潮がある時で000号のウキなので、それでどうしても全体を適度に張れない時、ミチイトを張ったらどうしても悪いほうに行くという状況になった時です。そうなってしまったら「潮の釣り」はもう成立しないので、仕掛け全体を張らなくていい釣りに切り替えます。それが私の場合だと、3Bや5Bといった重い浮力のウキを使った半遊動仕掛けの釣りになります。

「石ころの釣り」で仕掛けを変えようかなと思う時は、磯際の釣りにどうしても活路を見いだせない時です。「石ころの釣り」というのは、基本的に生命反応が薄い状態で成立するという部分があって、あまりにエサ取りが多い時期だったりすると厳しい時があります。だから夏場とかはやりにくいことがあります。ただし、「潮の釣り」であっても「石ころの釣り」であっても、実際の状況に即していえば、私はその日の釣りの中では仕掛けはほとんど変えないことのほうがむしろ多いです。仕掛けの変更を求められているというよりも、それぞれの釣りの中でのアジャストが求められていることが大半だからです。

Q68 雨でミチイトがサオに張り付く時の対処法はありますか？

田中　ミチイトがサオに張り付くというのは、ラインが出しづらくなるということですよね。そのため「しの字」が伸びきってしまいそうになった時に、送り出す分のラインを上手く準備できないということだと思いますが、その時はラインをスプールからフリーに出る状態にしておき、サオ先を下げて手前のミチイトをなるべく海にくっつけておいたら、そこからスーッとサオを横に動かしてやります。するとスプールからラインがスルスルと引き出せます。そうしたらその引き出した分のラインを使ってまたすぐに「しの字」を作ります。あとはその繰り返しです。この方法は雨が降っていようがいまいが必要に応じて日常的に使っています。

友松　あまり不自由は感じませんが、雨でサオにベタッと張り付いてしまうなら、やはりサオを振ってそのイトをしっかり剥がしてやります。

Q69 偏光サングラスはどんなものを選んでいますか？

田中

曇天なら明るく薄いレンズカラー、晴天なら暗く濃い色のレンズカラーを選ぶと思いますが、私はいろいろと使ってきた中で、曇天でも晴天でも関係なくイーズグリーンが見やすいです。ただし、見やすいレンズカラーというのは、使うイトの色やウキの色でも違います。イーズグリーンは黄色系を強調しますが、たとえばオレンジ系のレンズカラーならオレンジ色を引き立ててくれる効果がありますよね。だからウキやイトにオレンジ系のものを使う人にはいいかもしれません。

いずれにしても偏光サングラスはサオやリールと同じくらいウキフカセ釣りにとっては重要なものなので、必ず性能のいいものを選びます。アタリもラインで取りますし、潮の動き、コマセの動き、魚の動き、あるいはストラクチャー、いろいろなものを目で見て判断するのがウキフカセ釣りだからです。もし性能のよい偏光サングラスがなか

ったら、自分のできる釣りの質は半分以下になりますね。だから絶対にお金をかけていいところです。

友松

よく使っているレンズカラーはまずイーズグリーンです。イーズグリーンは光量が少ない時のレンズカラーというイメージもあると思うのですが、たとえば日中も根の先の暗くなっていくもうひとつ先、コマセと仕掛けが同調してなじんでいくそういう〝ギリギリ〟の部分の視認性がもう一段階上がるからです。もちろん夕マヅメを最後までみっちり釣りたい時もイーズグリーンですね。たまに夕マヅメの釣りなら偏光を外せばいいのではという人もいますが、私は日没前の暗くなってきた時間帯であっても、イーズグリーンであれば偏光サングラスをかけた状態のほうが確実にウキがよく見えます。

そのタイミングで私がよくやる裏ワザがあるのですが、それは光量が落ちていよいよウキが見えづらくなってきたと思ったら、一度偏光サングラスをさっと持ち上げて、裸眼でウキに目を凝らします。その状態のままもう一度偏光サングラスを下げてやると、ウキがよく見えるんです。ぜひ試してみてほしいですね。あとは夏の太陽がきつい時期の日中などは、トゥルービュースポーツを選ぶことも多いです。

偏光レンズのカラーは二人ともイーズグリーンを愛用

Q70

良型(40㎝オーバー)をねらって釣るコツ、あるいは数釣るコツはありますか?

田中

ねらって型も数も出すというのは簡単なことではありませんが、もし釣りを続けている中で、時折り40㎝オーバーが絡むというのであれば、特別なことをしなくてもそれでいいと思います。ただ、たとえば35㎝前後がほとんどで、ずっと釣り続けても40㎝オーバーが絡まないのであれば、何かしらやる必要があると思うのですが、同時にその釣り場にはそもそも40㎝オーバーがいないというパターンもありえます。だから絶対に釣れるとはいえませんが、たとえば試すべきことは、硬いエサ・大きいエサを使う、エサとコマセを離してみること、つまり35㎝前後の今釣れているグレを、エサ取りと見なして釣ってみるようなアプローチです。そうすればだいたいやることが決まってきて、それをやってねらったとおりに型が出れば正解ということになります。「型を取る=他のサイズをかわす」と考えるといいと思います。35㎝と40

cmなら同じ場所にいることも多く、サイズの違いで居場所がきれいに違うといったことは少ないはずです。あとは遠投かな。私が今までやってきた中では、大きい型が連続で掛かる時というのは遠投の釣りが多いです。だからより飛ばせて、なおかつ同じことが正確にできる技術をしっかり身に着けておくことが数を釣るうえでは大切だと思います。

友松

良型を出すということに関して言えば、まずは数を釣れば混ざるのか、数を釣っても混ざらないのかの判断ですよね。グレはいろいろなサイズの群れが回っていて、各群れの魚のサイズというのはある程度はかたまっています。その中でたとえば30cmから35cmまでがいっぱい釣れているという時には、その群れを釣り続けても40cmオーバーが釣れることはまずないと思っていいでしょう。一方で30cmから37cm、38cmくらいまでが混ざるという時なら、釣り続けることで40cmオーバーが混ざる可能性があると思います。

そういう点で35cmというのはとても微妙な境目になっている大きさで、35cmの魚と30cm台後半の魚というのはちょっと違います。私の中では、

70 良型（40㎝オーバー）をねらって釣るコツ、あるいは数釣るコツはありますか？

30㎝から35㎝の魚は人間なら中学生から大学生くらいまでの学生のイメージです。そして30㎝台の後半からが社会人で、その中でも40㎝オーバーというのは会社の課長さんくらいです。そして学生の群れの中に社会人の課長さんが入って「さぁ一緒に食おうぜ」ということはほぼないのだけれど、20代でも若い社会人になら課長さんが一緒になることもある（笑）そういうイメージなので、30㎝台後半の魚がいるなら40㎝台が釣れる可能性は充分にあります。いずれにしても釣れている魚が30㎝から35㎝までなのであれば、40㎝オーバーをねらうにはそこから外した釣りをするとか、ポイントを変えるとかの変更をしたほうがいいですね。

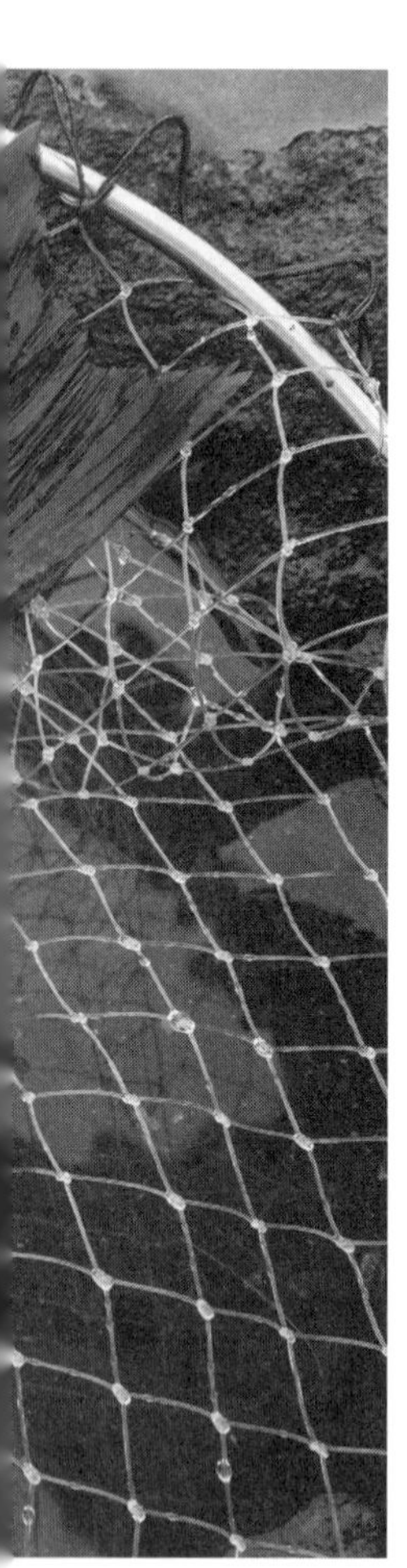

35㎝クラスのメジナが釣れる時は、状況によりそれが最大サイズなのか、あるいは40㎝クラスがまじる可能性があるのかの判断が変わってくる

ラインを送り出していく時、リールのベールアームはオープンにしていますか？

田中

私はまめにベールアームを戻しています。特に「しの字」にしてアタリを待つ時はそうです。私はサオとリールを左手で持っています。この状態というのは、実際にやってもらうとすぐにわかるのですが、オープンベールの状態でイトが出て行った時に、指で押さえようとしてもほとんどイトが止められません。だからベールを戻さずにフリーの状態で「バラバラッ」と魚にラインを引き出されてしまうと、どうしてもアワセがワンテンポ遅れてしまうのです。私は飲ませてよしという釣り方をしているので、それによってハリが飲まれること自体は問題ないのですが、それよりも最初にグレに走られてしまうとやり取りの主導権が取れません。魚に向こうを向かれてしまいます。そしてやり取りでは最初に魚の重みを感じることがだいじで、それによってあとのやり取りをどうしようかという判断をします。そのためにも最初にバラバラバラッとイトを出されてしまうことはできるだけ避けたいわけです。そこでラインを送り出す時も、リールのベールアームはなるべくこまめに戻すようにします。その中で「しの字」が伸び切ってしまいそうになったらベールをオープンにしてラインを送り出しますが、それが落ち着いたらまたすぐに戻します。その繰り返しで、ラインがベールに掛かっている状態がなるべく長くなるようにしています。

友松　ラインを送り出して行く時は、ベールアームの開閉を非常にまめに繰り返しています。しょっちゅうガチャガチャと操作していて、理由はアタリの取り方（**Q39**）のところで説明したとおりです。

Q72 ポイントを休ませたほうがいい時はありますか？

田中　あんまりないですかね。エサ取りが多かったり型が出ない時にポイント休ませると、次の1投ででかいのが出る……ということがあるような気がしなくもないですが、釣りをしている時にはそういうことはなかなか待っていられません。ただ、トーナメントの試合の時に、相手よりコマセを減らすことはあります。相手にたくさん撒いてもらって、そちらに釣りたくない魚を寄せてもらう時です。

友松　ポイントを休ませることによって魚が釣れる時というのは確かにあります。休ませるというか、リセットしたほうが釣れる時ですね。一面がエサ取りだらけの時もそうですし、あとは生命反応がない時です。たとえばサシエを全く取られない時というのは、コマセを撒きすぎている場合がよくあります。

私は釣り仲間で試合形式の釣り大会をやっているんですが、その時は8人で同じ磯に上がります。そうすると1つの磯でみんながコマセを撒くじゃないですか。するとてきめんに食わなくなりますね。そして次に釣れる時というのが、一度検量が終わって次の試合が始まってから5投以内ということが非常に多くなります。その時の魚は別に食い渋っているわけではありません。アタリもバラバラッとイトが出て普通に釣れる。だから魚の活性自体が低いわけでもないのに、次に投げるともう釣れなくなります。やはり魚の濃さに対してコマセの量が合っていないことでそうした状況が起きているんだと思います。

その関連でいうと、釣れる時合をなるべく長くしたいという時もコマセは適量を撒くほうがいいです。ただ、この時は思い切って量を撒いたほうがいい時もあって、それはたとえば表層がエサ取りだらけだけれどもその下にグレがいるような時です。そういうエサ取りにコマセが食いつくされているだけで、グレのタナまでエサが落ちていないような時には、充分な量のコマセを入れてやらないとグレの活性がなかなか上がりません。グレからしたらたまに1粒や2粒が落ちてくる

程度だから、一応はエサ取りの下にいて待ってはいるんだけれども、たまにしか落ちてこないと「もういいわ。今日は全然エサが落ちてこないし」といった感じでしょんぼりしてしまう時があります。そういう時のコマセは逆にドカ撒きする必要があって、上のエサ取りを突破して降ってくるコマセを多くするほうがグレのテンションが上がりますし、それによってエサ取りのタナを突っ切って下からぶわっとグレが湧いてくるということも起きるようになります。それによってグレが釣れる時合も長くすることができます。

73 リールのドラグは使いますか？

田中 ドラグは近場でアワセを入れた時にイトが切れないための保険として使います。ただし魚はテンションを感じると走り、反対にテンションを感じなければ止まります。だから走って逃げようとする魚にドラグで対処するのは逆効果です。その時に沖に走ってくれるならまだいいんですが、グレは根に入ろうとするのでそれが一番よくない。だからやり取りにドラグを使ってはダメですね。ドラグは魚を弱らせるための手段ではなくて、あくまでイトを守るために使います。ドラグテンションはサオをグッと曲げた時に少しイトが出るくらいです。どこかに先を引っ掛けて、サオを起こしてもすぐにはイトが出ないけれど、綱引きしたらジリジリと出るくらいの強さにしています。

友松 私はＰＥラインを使っているので、合わせた時の高切れを防ぐためにリールのドラグは緩めにしておきます。そしてやり取りになったら必要な分だけ締め込むという使い方をしています。

Q74 やり取りの中でリールのレバーブレーキは使いますか？

田中　もちろん使いますが、サオが曲がっている間は、サオがクッションになって、さらにナイロンラインもクッションになるので、たとえば根に当たる、あるいはオナガでラインがエラに当たるといった特殊な理由がない限り、サオが曲がっていればレバーブレーキを使わなくても魚にイトが切られるということはまずありません。

ただ、やり取りの終盤になってグーッと魚が突っ込んだ時に、いくらこちらがためようとしても、サオを曲げていられなくなるという時があります。それによって魚との間にクッションのない綱引き状態になってしまうという時には、瞬時にイトを送り出してサオを起こし、それによって魚をコントロールするためのサオの曲がりをまた作ってやらなければいけません。そのためにレバーブレーキを使いますが、同時に魚とのやり取りの中では、レバーブレーキはあくまでも補助的に使うもので、多少魚に走られたからといってすぐに使うというものではないという点は理解はしておくほうがいいとも思います。

友松

しょっちゅう使います。魚が突っ込もうと加速しだす瞬間にはレバーブレーキを使ってイトを出します。それは相手がクチブトでもオナガでも変わりませんが、オナガの時のほうがより顕著に出しますね。なぜならオナガの場合は飲んでいたら一発で切られるというのと、あとはクチブトほど根の中にスコンと入る魚ではないので、積極的にイトを出したほうが取りやすいことが多いからです。また、クチブトもそれなりの大きさになってくると、やはりイトを出してやらないと止めきれない場面が多くなります。それを無理やり止めると、ハリ外れを起こしたり、身切れを起こしたり、あるいはハリが伸びたりということが起きますし、あとは走った瞬間にイトが根に触れたりして一発で切られる時があります。あとは走った瞬間というのは、まだそんなに走っていないので、仮にその瞬間にイトが磯に当たっていたとしても、そこでレバーブレーキを使って1回テンションを抜いておけば、根ズ

やり取りの中でリールのレバーブレーキは使いますか？

グレ釣りにおいてレバーブレーキは間違いなく有効。同時にその使いこなしには釣り人それぞれの考え方が反映される

レしていても切れないんですよね。だから何が何でもサオでためようとするよりも、積極的にレバーブレーキを使うほうが取れる気はしています。ただし、クチブトのほうがイトを出し過ぎると根に張り付かれるといったややこしいことが起きやすいので、取れないことが増えるのも確かです。

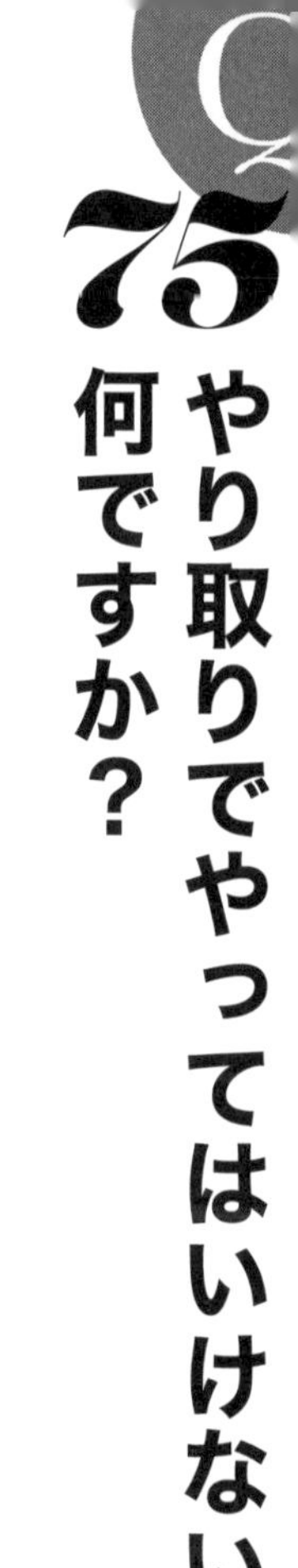

Q75 やり取りでやってはいけない失敗は何ですか？

田中　魚に余力がある段階でタモを手に取ってしまうことですかね。あとは釣りのしやすい立ち位置がやり取りをしやすい立ち位置とイコールではありません。だから釣りだけに夢中にならないこと。釣りやすい場所で魚を掛けたら、次はやり取りをしやすい場所に移動することも場合によっては必要です。

友松　魚を怒らせることです。フカセ釣りは力対力で魚と勝負する釣りではありません。大型魚ねらいのルアーフィッシングのように、タックルの強さで相手をねじふせる釣りではない。サオも5ｍの長さがあって軟らかいものを使っているのだから、そのサオの曲がりと弾性を生かして相手を取る。やり取りもガチンコ勝負ではなくて、サオのパワーが100だとしたら、その60％とか70％くらいしか使わない。その中でどうやり取りすればいいのかを考えれば失敗を防げると思います。

Q76

大型を走らせたほうがいい時と止めたほうがいい時は？

田中　当たり前ですが、どんな魚でも走って行ってほしくない方向に行かれた時は無理やりにでも止めざるを得ません。そのうえで、横方向の走りはまだサオでためられる可能性が高いのですが、下方向になるとそれができない時や、あるいは無理に止めないほうがいい時が多くなります。それがつまりレバーブレーキを使う場面でもあります。基本的には大型の魚に急に突っ走られたら、イトは出したほうがいいのですが、横方向でもたとえば向かう先にスリットがあったりして、そこに入られたら明らかに危ないという状況なら無理をしてでも止めるしかないと判断します。

友松　止めないとどうしようもない地形であれば相手が大型でももちろん止めます。たとえば私の行く釣り場に防波堤で下にケーソンが沈んでいる場所がありますが、その時は止めないともう穴に入る一方じゃないですか。そんな時はとにかく止めます。

あとはどんな釣り場でも基本的に走らせれば走らせるほど取れないリスクが高くなるので、そもそも走る前に止めたいというのがあります。そのために私が実践しているのが〝穂先やり取り〟です。基本はサオを立てた状態にして、魚がとにかく怒らないように穂先を使って誘導するというものですが、その時はとにかく魚をなだめすかすような感覚で、反発せずについていてくるギリギリのテンションで誘導します。余計なテンションは掛けずに「大丈夫だから、大丈夫だから」と、とにかく怒らせない。放っておくと行きたい方向に行きたがる犬をうまくあしらいながら散歩させているような感覚ですね。そういうやり取りも心掛けています。

Q77 オナガに切られないコツはありますか?

田中

オナガにハリスを切られる時というのは、足もとに来てからが圧倒的に多いと思います。どうしてかというと、オナガにハリスを切られるのは大半がエラにやられる時で、魚が沖にいる間は比較的コントロールが容易だからです。沖の魚はサオの曲がりをキープしていれば基本的に頭がこちらに向きます。こちらを向くか、あるいは横を向くかという状態にはなっても、ハリスがエラにもろに当たる可能性が高くなる頭が向こうを向いた状態にまではしないようにできます。

しかし、魚を寄せてきて、ウキの手前まで仕掛けを引き込んで、これ以上は巻き取れずに自分の身体とサオのクッションだけのやり取りの状態になったら、そこから30㎝でもグーッと潜られた途端に魚の頭が向こうを向きます。その時はとにかくイトを緩めます。

オナガのエラが刃物だとして、ハサミでぶら下げたイトを切ろうとしても切れないことってありますよね。その時にイトをピンと張れば切れる。それと同じでイトを緩めてやればオナガのエラでも切られない可能性が高くなります。だからオナガはあちらを向かれた瞬間にイトを緩めないといけません。実際にはレバーブレーキを使ってイトを送ります。そして魚は引っ張られている間は反対方向に逃げようとしますが、それを緩めてやれば落ち着きます。さらにいえばイトが磯に引っ掛かってもゆるゆるの状態なら同じように切れません。だからこれはオナガに限りませんが、手前で突っ込んだらとにかく一度はイトを緩めて、そこからまたこちらが引っ張れる状態に持ち込んでやり取りをする。そのメリハリがオナガとのやり取りでは特にだいじになります。

友松　たとえばオナガに切られたくないなら、ハリは口先に掛けるのがベストです。それにはウキを浮かべて釣るほうがよいとなりますが、実際はそれだと潮の中で魚が掛かりにくくなります。そして私の「潮の釣り」であれば、ウキを沈めて釣るわけですが、それで口先にハリを

オナガに切られないやり取りは永遠のテーマ

掛けたいと思ったら、今度は仕掛けをビンビンに張らないといけません。けれどもそれは難しいので、ではどうするかといったら、魚が掛かってオナガだと思ったら、最初からオナガにハリを飲まれているという前提でやり取りをします。つまり相手がちょっとでも走ったらイトを出す。魚が突っ込んでくるところに対してサオでために行かない。そういうクチブトが相手の時とは違うやり取りを最初からします。

Q78 タモ入れを上手くやるコツを教えてください

田中　海面が暴れているとやはり魚が取りづらいです。ですので、たとえばあえてサラシのあるようなところですくおうとしない。あとは魚をしっかり浮かせることですね。最終的には口を上に向かせて引きずれる状態にします。その状態でイトを緩めずにすくってやる。全体的なことでいえば慌てないことが一番です。魚が大きければ大きくなるほど早くすくいたくなりますが、そこで慌てて何回も突っ込まれると逆にやられてしまう。やはり気持ちに余裕を持って、魚がしっかり観念した状態までやり取りをしてからすくうようにします。

タモを取りやすいところに置いておき、早く手に取りすぎないことも必要でしょう。あとはやり取りにいい場所とタモ入れにいい場所も同じではありません。釣ったらどこでやり取りをして、どこですくうのかをあらかじめ確認しておきます。また、足もと一面がガチャガチ

ャしているような状況であれば、無理にタモ入れをしようとせず、波を利用して浅いところに魚を引き上げたほうがいい場合もあります。タモ入れはそれくらい柔軟に対応していいですね。

友松

まずは波のタイミングをしっかり読むこと。特にウネリがある時は、波が上がる頂点で魚をすくうようにします。あとは魚を水面でバシャバシャさせないことです。それをしてしまうと、バシャバシャさせた時にハリが外れてしまうことがありますし、オナガならそこでハリスを切られることもあります。一連の流れでいうと、やり取りをしていてもう魚が浮いてくるというタイミングになったら、船釣りでヒラメをすくう時などもそうだと思いますが、水面下に浮いてきた魚がヨタヨターっとしている状態。まずそこまで行ってからタモを手に取ります。もちろん、その状態からふたたび潜られてしまう場合もありますが、その時は落ち着いて対処して、魚がまた水面下でヨタヨターっという状態になったら、そこからタモを伸ばして波が上がってくる頂点で魚をすくいます。

その時のコツは、タモで魚をすくいに行くのではなくて、タモのところに魚を持って来ること。伸ばしたタモは基本的に同じ位置に固定して、そこに魚を滑り込ませます。もちろん、多少の位置の調整はしますが、タモという的(まと)に魚を引き入れる感覚です。そして魚の頭は完全に真上には向けません。なぜかというと、タモに入れる際には魚が横方向に滑る必要があって、魚の頭が完全に上を向いている状態だと、タモ枠にぶつかった時にスコンと入らないことがあるからです。特にリールを巻きすぎて仕掛けが突っ張っているとそうなりやすい。魚がヨタヨタ一っと水面下にいる状態でタモを手に取るというのはそれを防ぐ意味もあります。そして魚の頭が適度に横を向いた状態だと、タモを構えていればそこにスコンと勝手に魚が入る感覚になります。

あとはタモ枠が海面につくと水の抵抗で強く引っ張られるので、魚をすくう直前までは絶対に空中にキープします。そして波のタイミングを見て最後にすくう時も、タモ枠は海の中には必要以上は入れません。だいたい半分も入れないくらいですね。いずれにしても波がある時ほどタモ入れは技術の差が出ます。ちなみに私は昔から30㎝の小径のタ

モ枠を長く使っていて、それはタモ入れのものすごくいい練習になりました。あとは単純なことですが、タモの柄は最上級モデルでなくてもいいので、1本は必ずある程度は上位のモデルで性能のよいものを購入します。タモの柄の性能が低いと、いくら技術でカバーしようとしてもタモ入れは上手く行きません。きちんと性能のよいタモの柄を使うことは非常にだいじです。

特にウネリがある時は波の上下動にしっかりタイミングを合わせる

釣ったグレを美味しく食べる

グレは生でもいいし火を入れてもパサつかない。出汁もすごく出ます。オナガは通年、クチブトは寒の時期がやはりよく白子の時期は白子も美味しいです。塩焼きはお腹だけ出す。ウロコは取らないで頭も尻尾も残してそのまま焼きます。コンロに入る30㎝くらいの大きさが一番。ウロコが焦げて真っ黒になるまで焼きます。すると表面はカチカチになりますが、背ビレから箸を入れたら身がパカッと剥がれて、身は脂もしみて蒸されジューシーに焼き上がっています。それを醤油に付けながら食べるとめっちゃうまい(笑)。あとは頭で味噌汁。中骨はなしで頭と三枚におろした時の腹骨の付いた身をためておいて、それだけ使えば充分です。それをショウガとネギをいっぱい入れて濃い目の味噌汁にすると最高。頭は捨ててしまう人もいますが、エラを取りお湯をかけてウロコを取って、それで味噌汁もいいですし、ネギや豆腐をちょっと入れて鍋で炊いてやる。その身をむしって特に頬の周りの肉とかをポン酢で食べるのも最高ですね。

Q79 タマヅメの釣りのコツやおすすめの釣り方はありますか？

田中　タマヅメになるとエサ取りが落ち着くので、磯際がよくなることは多いと思います。磯際で大きいサイズも出やすくなりますね。釣り方自体はタマヅメだからといって特に変える部分はありません。

友松　タマヅメは魚も磯近くに寄ってきますので、まず無理な遠投はせずポイントを手前に持ってきます。そのうえで、周囲がいよいよ暗くなってくると、ラインの形を目で確認することが難しくなり、仕掛けが適切な状態かどうかを視覚で確認することが難しくなってきます。その時に私がよくやるのが、穂先でイトをピンピンピンピンと動かす操作です。その時は、ウキに対してラインが張っている状態で〝ピン〟とサオ先を動かします。それによってウキの重みを穂先で感じるようにします。もしそれでウキの重みが感じられるならＯＫ。そして〝ピン〟

とやってもウキの重みを感じられないのであれば、その時はイトがダルダルになっているということなので、適切な張り加減に戻します。夕マヅメというよりも、いよいよ日没が迫ってきてラインの形が目では見えないという時によくやる操作ですが、「潮の釣り」の張り加減の確認には便利な方法なので、実際は日中でもやる時があります。その際は、日中の場合は視覚での確認もでき、夕マヅメのように高い頻度で細かくはやらなくてよい分、力加減は穂先でウキをはたくような感じでしっかり〝ピン〟とやるくらいでちょうどいいです。いずれにしてもこの操作はあくまでも仕掛けの状態を確認するためのもので、〝ピン〟とやったところに対して必要なイトを出し、それによって仕掛けの状態をきちんと把握して、自分の釣りを成立させるためにやります。むやみにウキを動かしてもいいと思ってやっているわけではありません。

Q80 釣り場の決め方、よく見る天気アプリを教えてください

田中　よく行くのは沖磯です。あとは風しだい。船が出るところに行きます。ただ、私にとってのグレ釣りの楽しさは、その場所の一番いい魚を釣る仕掛けや釣り方をいかに状況に対応して見つけるかです。そういう釣りができれば沖磯でなくてもどこでもいいとは思っています。天気アプリはウィンディです。あまりあれこれ見ても迷うので、同じ情報源で前回との比較もしながら参考にするのがいいと思っています。

友松　地磯、沖磯、堤防、すべて行きますが、その時にどういう釣りをしたいのかで決めることが多いです。「潮の釣り」をしたいのか、「石ころの釣り」をしたいのか、そこで釣れているかいないかはもちろん気にしますが、ジャパンカップの前だったら五島の釣りの練習ができるのはどこかなどで釣り場を選びます。あとは当然ですが天気しだいなので、風と波の状況で釣りができるところ。天気アプリはウィンディです。

81 磯でのヒヤリハットの経験や安全確保のために心掛けていることはありますか？

田中　今までに1度だけ波にさらわれて海に落ちたことがあって、ここは大丈夫だろうと思っていたところが実際はそうじゃなかったということがあります。やはりこの釣りは常に危険がつきまとっているということを意識するのがだいじですよね。周りが海だから気づきにくいですが、結局、この釣りは岩山の頂上で釣りをしているのと同じです。ちょっと足を引っ掛けたり滑ったりしたら落ちる。ですので、まずは一番高いところ、もしくは安全だと思われるところに荷物をまとめる。釣り座も干潮の時は下まで行けるからと行きがちですが、牡蠣とかフジツボとかが付いているところは波が来るところだから避けるとか、そういう基本がだいじだと思います。

友松　串本の地磯で釣りをしていた時に、熱中し過ぎて満潮になってしま

81 磯でのヒヤリハットの経験や安全確保のために心掛けていることはありますか？

い帰れなくなったことがあります。しだいに波が高くなって来て、その時は潮が引いた夜10時頃まで磯で待機するはめになりました。あとは濡れている場所を釣り座にしないといった基本的な注意点はありますが、特に離島の釣り場に出かけた時は、波もウネリも半島周りとは段違いなので、怖いなという恐怖心は常に持ちながら釣りをしています。磯際にもできるだけ近づきませんし、タモの柄も絶対に6ｍを持って行きます。５ｍを持って行ったらそれだけ磯際に近づかなければいけないからです。

神津島で１度流されかけたことがあります。その時は同行者と一緒に釣りをしていて、たまに波が入ってくるちょっとした溝が２つの釣り座の間にあって、本来なら場所替えをする時もその溝には入らず、大回りをして行かないといけない場所でした。それで、自分も最初は大回りするつもりだったんですけれど、同行者が気を遣って道具も受け渡すからというので、近道で行こうとしたんですよ。そうしたらその日はウネリもあったんですが、私が溝を渡ろうとしたまさにその瞬間にばかでかい波が来て、その時は完全に身体が浮いてしまいました。

たまたま両手が空いていてしがみつくところがあったから大丈夫でしたが、それがなかった間違いなく一発で沖に払い出す波にさらわれていました。あの時は本当に危なかったです。あとは東伊豆の地磯で釣りをしていた時も、そこはすぐ背後が壁でもともと波がせり上がってきやすいとわかっていた場所なんですが、途中で予報よりもウネリが高くなってきて、釣り座やバッカンを高いところに移しながら釣りをしていて、〝ちょっとやばいかな〞というタイミングがありました。そしたらやはり一発ばかでかい波が来て、その引き波に引き込まれて磯の先端でかろうじて止まりました。私は普段から人並み以上に海のようすは見ているほうだと思っていますが、それでも自然は予想外の動きをすることがあります。だから自分が思っている以上に必ず波は上がってくると思ったほうがいいですし、この釣りをしていて濡れるということは死を意味すると思ったほうがいいでしょうね。濡れている場所に釣り座を構えない。一段高いところの乾いた場所で釣りをするというのは、釣り場にかかわらず絶対だと思います。

Q82 グレ釣りは「連打」ができるものでしょうか？

田中　通常はできるもの、再現させないといけないものだと思っています。グレは基本的には群れでいますから、いい時には再現できるはず。それができない時は、コマセワークであったり仕掛けの位置だったり、何かが上手くいっていない状態だと考えるようにしています。初心者でいつも連打ができないという人の場合は、やはり自分の釣りがまだかたまっていない場合が多いです。1つの釣りをしっかりやる前に、このウキがよさそうとか、この仕掛けがよさそうとか、そういう状態で釣りをしていると連打はやはり難しい。そうではなくて「こう考えて、こうやったら食った」という経験を重ねる必要があります。あとはそもそも同じことができる技術の精度がないと連打はできません。同じところに、同じ回数コマセを打って、同じところに仕掛けを入れて、同じようになじませて、同じ張り具合で同じところにラインを置ける。

同じことを同じペースで再現できる技術があって初めて連打ができますし、仮にそれで食わないなら今度は状況が変わったと考えられる。一方、釣りの精度がまだ低い場合には、そもそも同じことができていないから食わないだけという当たり前のことが起きている可能性があります。そうなっているうちはいくらでも迷いが生じますし、当然ながら連打も難しいということになります。

友松

グレ釣りは連打できることを前提にやるものです。ただし自分がいつも連打できているかと言われたら、できない時のほうが圧倒的に多いです。そんなに思いどおりに行くことはありませんし、おそらく人一倍、めちゃくちゃ悩んでいます。これだけ釣りをしていても、99%は思いどおりに行っていません。グレは群れる魚なので、連打は当然ねらえます。けれども1尾目が釣れたら2尾目も釣れるかといったら、そんな簡単なものではない。それだったら私も何10年もこの釣りをやっていないですし、そこがこの釣りの面白さです。仮にそこが簡単だと思ってしまったら、その瞬間に成長も止まってしまいます。

Q83 離島遠征を楽しむコツを教えてください

田中

離島の釣り場の魅力はオナガであったり大きな魚が釣れることだと思います。そのうえで道具の準備に関して1つ間違えやすいのは、離島だからクチブトもすごいかというとそうではないということ。クチブトの場合は離島でも50㎝前後がマックスサイズになり、仕掛けやねらい方も通常と変わりません。つまりタックルも何も変える必要がないのです。ただ、離島の魅力はオナガがねらえることです。そのオナガをねらいに行くのであれば、大型のオナガが取れるタックルの準備が絶対に必要です。クチブトだけを想定したタックルだと後悔しますしもったいないですね。

あとは時間的にどのくらい釣りをするのかは事前に確認しおくこと。釣り時間そのものはもちろん、夜釣りをすることがあるのかないのかなどです。それらによって持ち物、食料、エサなどの準備が大きく変わってきます。

友松

やはり下調べは入念にします。まずは自分が行く離島の魚のサイズを調べること。タックル面に関しては、私の場合は離島遠征というと多くが伊豆諸島になりますが、その釣り場のマックスサイズを取る仕掛けと遊ぶタックルの2つを用意して行きます。というのも、その釣り場のマックスサイズを取りに行くためのタックルで中型を釣ることになった場合、正直なところ面白くないからです。その時の状況で明らかに中型の釣りになる時は、中型に割り切ったタックルでやったほうがやはり楽しめます。出会える確率がどんなに低い状況でも万一来るかもしれない大型を絶対に取るんだというのであれば、そういう考え方は本当はよくないんでしょうけれども、離島の釣り場というのはそんなに行ける機会があるわけではないので、行ったなら楽しみたいという部分もある程度は考えています。

あとは1個のバッカンを重くしないようにしていますね。バッカンは分散したほうがいいのと、わかりやすく自分の名前を書いておくこ

とは絶対に必要です。これは普段の渡船の釣りでも本来は一緒ですけれども、離島の渡船は何しろ荷物が多い。そしてみんなの荷物がぐちゃぐちゃになるから、どれが自分の荷物かがわからなくなると非常にややこしいです。そのため持ち主の名前をわかりやすくしておくというのはマナーでもあるし必要な準備ですね。ロッドケースも私はワンピースのタモ枠をロッドケースにくっつけているからすぐにわかるんですけど、同じロッドケースを持っている人がたくさんいますので、自分のものには何かしら目印を付けておいて、もし同じものがあった場合もすぐに判別できるようにしておくといいと思います。

Q84 競技の釣りと普段の釣りに違いはありますか？ また強いと思うのはどんな人ですか？

田中　より数を釣って型を出すのが楽しさという点は同じです。ただ、競技はいろいろな制限、一番は時間と場所の制限があるので、そこを考えて効率よく時間を使う。あとは集中するために必要なことしかしないので、しっかり睡眠を取っておくとか、お腹を壊すようなことはしないといった基本的な努力はいつも以上にします。強いと思うのは自分の釣りをしっかり持っているぶれない人。迷っているようなそぶりを見せているとそうは思わないけれども、自分の釣りの芯をしっかり持っていて、それを状況によって変えていく人は強いなと思います。

友松　競技は勝つための釣りをやります。極端な話、負けなければ勝てる。そういうメンタリティで釣りをしています。コッパ釣りも含めてあらゆる手段を尽くしますし、絶対にやらないのは諦めること。強いと思う人は、自分のパターンに早くはめ込む釣技がある人です。

Q85 グレ釣り上達のヒントをご自身の経験も踏まえて教えてください

田中 私はよく言うんですが、ウキフカセ釣りっていっぱいあるんですよ。単体のウキを浮かせて釣るのもそう、沈めて釣るのもそう。遠投で釣るのもそう、近くを釣るのもそう。あるいはウキが2段ウキだったり斜めウキだったり棒ウキだったりもする。でもすべてがウキフカセ釣りで、じゃぁ1日とか1年でそのどれをやっている人が一番釣るかといったら、実はそんなに差がないと思うんです。というのも、それぞれの釣り方に得意不得意があって、こういう時はこっちがいいとか、こっちのほうがちょっといいとか、だからどれを極めても実はそう変わらない。その中で上達を目指すのであれば、まずは自分がこれをやりたい、この人のこの釣りが好きというものを極めることがだいじです。いろいろなものに浮気しない。自分が好きだと思ったその釣りをしっかり極めます。で、どこが極めたところなのかというのはわかりにくいけれども、ある程度その釣りをしっかりやっていくと、「あっ、こういう時はよく釣れるな」「こういう時はやりづらいな」と気づくタイミングがあります。極めるというと大げさですが、それが1つの目安になります。そうしたらやりづらい時に何をオプションで付ければいいのかを考えます。私の場合であれば単体のウキを何も付けずになじませる釣り方が基本だけれども、それで釣りづらいなという時用に2段ウキや棒ウキの釣りをするようになって、ただしそれらの位置付けはオプションなんです。逆に同じようなシーンで使える釣りを付け加える必要はありません。そこがだいじだと思います。あとはこの釣りで大切なのは準備です。コマセもそうだし、仕掛けもそうだし、自分で決めたことをしっかり準備すること。そこはぶれずに組み立てる。そのうえで、現場に行って自分で状況を見て考える。だいじなのは、それによって自分の釣りをしっかり作ることです。

Q85 グレ釣り上達のヒントをご自身の経験も踏まえて教えてください

友松

本当のビギナーの頃は、やはり仕掛けを上手く入れられません。特に軽い仕掛けはそうです。私がビギナーの頃にちょうどゼロウキを使ったスルスル釣りが出だして、その当時の釣りはウキは浮いていて、ウキストッパーがどんどん離れていって、それでタナを探るという釣り方でした。私もまずはその釣りをやってみましたが、始めたばかりの頃は、やはりラインが取られて途中で仕掛けが入らないわけです。逆にオモリを打つと今度は仕掛けが入りすぎたりして、その中間がなかなかわからなかったですね。

ただ、そこからある程度やれば仕掛けは入れられるようになります。でも今度は、仕掛けを入れられるからといって無駄に入れすぎる。実は仕掛けの管理なりコントロールまではできていないという状態になります。そこを突破することは結構難しいと思っていますが、そのために必要になってくるのが、ミチイトの管理や仕掛けの張り加減になります。まずは流れに対してミチイトが邪魔しているということをどこまで感じられるか。そのうえでミチイトがなければコマセとサシエは最も同調するわけだから、それに近づけるためにはウキに対して潮

田中さんと友松さんに共通するブレない探究心。グレ釣りにはそれが続けられる奥深さがある

上にミチイトを置くのか、まっすぐに置くのか、あるいは潮下に置くのかという、その場の状況に応じたミチイトの管理をする必要がある。ウキフカセ釣りで一番重要なことは何かといわれたら「同調」ですが、そのためにはミチイトの管理を突き詰めるというのが今私がやっている釣りになります。

田中貴 × 友松信彦が「釣る前」に考えていること
最強のグレ釣り一問一答

2024年5月1日発行
編　集　　月刊つり人編集部
発行者　　山根和明
発行所　　株式会社つり人社
〒101-8408 東京都千代田区神田神保町1-30-13
TEL 03-3294-0781（営業部）
TEL 03-3294-0782（編集部）
印刷・製本　シナノ書籍印刷株式会社
乱丁・落丁などありましたらお取り替えいたします。

©Tsuribitosha 2024 Printed in Japan
ISBN978-4-86447-732-1 C2075

つり人社ホームページ　https://tsuribito.co.jp/
つり人オンライン　https://web.tsuribito.co.jp/
釣り人道具店　http://tsuribito-dougu.com/
つり人チャンネル（YouTube）　https://www.youtube.com/@tsuribito-channel

本書の内容の一部、あるいは全部を無断で複写、複製（コピー・スキャン）することは、法律で認められた場合を除き、著作者（編者）および出版社の権利の侵害になりますので、必要な場合は、あらかじめ小社あてに許諾を求めてください。